Teoria e Prática

Diálogo para Assuntos Difíceis

Série Da Reflexão à Ação

Lisa Schirch
David Campt

DIÁLOGO PARA ASSUNTOS DIFÍCEIS

Um guia prático
de aplicação imediata

Tradução
Tônia Van Acker

Palas Athena

Título original: The Little Book of Dialogue for Difficult Subjects
Copyright © 2007 by Good Books, Intercourse, PA 17534

Grafia segundo o Acordo Ortográfico da Língua Portuguesa de 1990,
que entrou em vigor no Brasil em 2009.

Coordenação editorial: Lia Diskin
Preparação de originais: Lidia La Marck e Tônia Van Acker
Revisão: Rejane Moura
Capa e Projeto gráfico: Vera Rosenthal
Arte final: Jonas Gonçalves
Produção e Diagramação: Tony Rodrigues

Dados Internacionais de Catalogação na Publicação (CIP)
(Câmara Brasileira do Livro, SP, Brasil)

Schirch, Lisa e Campt, David
    Diálogo para assuntos difíceis: um guia prático, de aplicação imediata / Lisa Schirch, David Campt; tradução de Tônia Van Acker. – São Paulo: Palas Athena, 2018.

    Título original: The little book of dialogue for difficult subjects.

    ISBN 978-85-60804-39-9

    1. Comunicação interpessoal 2. Conflito interpessoal 3. Relações interpessoais I. Campt, David. II. Título.

18-21421   CDD-303.69

Índices para catálogo sistemático:
1. Resolução de conflitos: Sociologia   303.69

1ª edição, novembro de 2018

Todos os direitos reservados e protegidos
pela Lei 9610 de 19 de fevereiro de 1998.

É proibida a reprodução total ou parcial, por quaisquer meios,
sem a autorização prévia, por escrito, da Editora.

Direitos adquiridos para a língua portuguesa por Palas Athena Editora.
Alameda Lorena, 355 – Jardim Paulista
01424-001– São Paulo, SP – Brasil
Fone (11) 3050-6188
www.palasathena.org.br
editora@palasathena.org.br

Conteúdo

Agradecimentos 5

1. **Definição de diálogo** 7
   Diálogo: Um tipo de comunicação diferente 8
   O que faz do diálogo algo singular? 11
   Uma história de diálogo 13

2. **Como funciona o diálogo?** 17
   Intelecto 17
   Emoções 18
   Espírito 18
   Como o diálogo nos afeta individualmente 19
   Como o diálogo afeta grupos e comunidades 22

3. **Em que situações o diálogo é útil?** 29
   Pré-requisitos para um processo dialógico
   bem-sucedido 29
   Tipos de diálogo 32

4. Como organizar o processo do diálogo 37

O marketing do processo de diálogo 38

O convite 40

Diversidade 40

A escolha do lugar 41

Alimento, tempo e estética 41

Facilitadores bons e bem-treinados 42

5. Como delinear o processo do diálogo 43

Fase 1 – Estabelecer intenções e normas em comum 43

Fase 2 – Partilhar experiências e percepções 50

Fase 3 – Explorar a diversidade e os pontos em comum . 54

Fase 4 – Explorar possibilidades de ação 63

6. Como facilitar o diálogo 67

Habilidades e tarefas-chave dos facilitadores 67

Habilidades e tarefas avançadas 70

Diferenças entre facilitadores e outros líderes 72

7. Passando do diálogo para a ação 75

Equilíbrio de poder e conscientização 78

Mais pessoas e pessoas chaves 79

Do diálogo para a ação 81

8. COMO AVALIAR A EFICÁCIA DO DIÁLOGO 83
   Dimensões a serem avaliadas 83
   Estratégias de coleta de dados 85

9. DIÁLOGO PARA O SÉCULO 21 89

Apêndice: Ferramentas para ampliar a conversação 93
   Ferramenta Intenção/Impacto 93
   Scanner Ambiental 94

Notas 99
Leituras recomendadas 101
Sobre os autores 105

Agradecimentos

Queremos, ambos, agradecer ao Hope in the Cities – HIC, de Richmond, Virginia, que nos contratou como cofacilitadores de sua série de diálogos sobre raça, economia e questões judiciais. Os valores e a visão do HIC nos inspiraram e somos gratos pela oportunidade de trabalhar com eles.

Lisa: Agradeço a meus alunos e colegas do Center for Justice & Peacebuilding da Eastern Mennonite University – EMU. Ao longo dos últimos 10 anos, ao facilitar incontáveis encontros para tratar de assuntos os mais variados na EMU, meus colegas me ofereceram suas impressões, que foram muito úteis para aprimorar minhas habilidades como facilitadora. Também aprendi muito observando-os facilitar diálogos sobre assuntos difíceis dos quais participei. Com a ajuda deles, aprendi a honestamente assumir aquilo que sei e o que não sei, minhas habilidades e os aspectos que posso melhorar. Sou grata a esses colegas que me ajudaram a cultivar o autoconhecimento.

David: Gostaria de agradecer a muitas pessoas, a começar pelos meus colegas do America Speaks, uma organização que me deu a oportunidade de desenvolver minhas habilidades de liderança. Estou convicto de que não teria conseguido escrever este livro em parceria com Lisa se não fosse o estímulo e entusiasmo de meus colegas Cricket White, Manny

Brandt e Theo Brown. Eles me inspiraram a aprender mais sobre diálogo. Devo também especial gratidão a Monique Fortenberry e Ngozi Robinson que, cada qual de seu modo único, me ajudaram a manter a sanidade enquanto progredia. Finalmente, nada na minha vida – especialmente minha paixão pelo diálogo – teria acontecido se não fosse por meus pais, James e Geraldine Campt.

1

DEFINIÇÃO DE DIÁLOGO

A maioria de nós, se não todos, lembra de algum momento constrangedor durante um final de semana entre amigos quando o assunto foi para o campo da religião, da política ou de eventos da atualidade. Ou então recorda estar numa reunião ou num encontro religioso e sentir que se formava um clima tenso entre os participantes. Será que é impossível conversarmos tranquilamente sobre certos assuntos?

O diálogo é um processo para conversar sobre assuntos tensos. É útil na família, em pequenos grupos, nos negócios, nas comunidades, nas organizações e nos conflitos nacionais e internacionais.

Cada vez mais, as pessoas estão percebendo a necessidade de encontrar maneiras melhores de conversar. Depois dos eventos trágicos do 11 de setembro de 2001, grupos comunitários em todas as regiões dos Estados Unidos passaram a se encontrar para discutir o impacto que aquele evento teve em suas vidas e como poderiam trabalhar em conjunto para evitar a violência retaliatória contra os islamitas de sua comunidade. Outras comunidades estão usando o diálogo para identificar valores orientadores do planejamento urbano em regiões que crescem vertiginosamente. Em outros locais o diálogo é usado para ajudar a discutir diferenças religiosas, homossexualidade, problemas comunitários como obesidade juvenil ou divisões raciais entre membros de uma mesma comunidade. Nas zonas de guerra os diplomatas estão usando o diálogo para explorar soluções políticas com o objetivo de pôr fim à violência civil.

Tais exemplos ilustram como as pessoas têm usado o diálogo para curar feridas ou divisões profundas do passado, evitar violência iminente, discutir as decisões políticas em pauta, ou tratar de desafios comunitários. Recorre-se ao diálogo pois outras formas de comunicação não conseguem oferecer a estrutura ou a segurança necessárias à discussão de assuntos difíceis. O diálogo ajuda as pessoas a se comunicarem com as outras enquanto procuram construtivamente soluções criativas para problemas comuns. O diálogo é parte importante da resolução de problemas difíceis e da transformação de relacionamentos adversariais.

DIÁLOGO: UM TIPO DE COMUNICAÇÃO DIFERENTE

Abundam as definições de diálogo. No uso popular, a palavra designa quase qualquer tipo de troca verbal. Em latim, a palavra significa uma conversa entre duas ou mais pessoas, em geral entre partes conflitantes ou potencialmente discordantes. Neste livro, o termo é definido de maneira mais específica.

> O diálogo busca construir relacionamentos entre pessoas enquanto tratam de interesses em comum.

O diálogo é um processo de comunicação que procura construir o relacionamento entre pessoas ao partilharem experiências, ideias e informações sobre um assunto comum. Seu objetivo é também ajudar grupos a assimilarem mais informações e pontos de vista quando estão tentando chegar a uma nova e mais ampla compreensão da situação em pauta.

Uma maneira de definir o diálogo é comparando-o a outros importantes estilos de comunicação utilizados normalmente. Diálogo é diferente de **conversação, discussão, treinamento** ou **aula**, ou do **debate**.

Na **conversação**, a informação e as ideias fluem entre as pessoas com o propósito de autoexpressão. A persuasão ou a tentativa de mudar a perspectiva ou compreensão da outra pessoa talvez não esteja presente nessa troca. Diferente da conversação, um dos objetivos específicos do diálogo é ampliar a compreensão que os participantes têm de um determinado assunto.

Em uma **discussão**, a informação e as ideias são trocadas para cumprir uma determinada tarefa ou resolver um problema. A intenção do diálogo não é realizar uma tarefa, muito embora um processo de diálogo às vezes inclua tarefas de acompanhamento posterior.

O **treinamento ou aula** nos ajuda a aprender algo, em geral pela transferência do conhecimento do professor para o aluno. O aprendizado também acontece no diálogo, mas não por transferência direta. O diálogo ajuda as pessoas a gerarem sua própria compreensão coletiva de uma situação através de trocas entre os participantes.

O **debate** é mais como um concurso onde há ganhadores e perdedores. O termo "debate" remete a muitas imagens: acadêmicos digladiando-se intelectualmente para desmontar os argumentos do outro, candidatos competindo por votos, ou trocas acaloradas entre pessoas na mesa do jantar. A cultura do debate está muito arraigada em muitos lugares por todo o mundo.[1] No debate, os participantes escutam os outros tentando encontrar o que está errado, incompleto ou defeituoso nas afirmações de seu oponente. A intenção é identificar as falhas, expô-las e desmontar a argumentação do oponente.

O **diálogo** é um processo de comunicação único pois focaliza a atenção dos participantes no ato de escutar para compreender. Ele funciona melhor quando os participantes procuram escutar o que está certo, é verdadeiro e válido naquilo que os outros falam. Os que escutam buscam as ideias com as quais conseguem concordar, potencialmente combinando estas com suas próprias ideias a fim de construir uma verdade maior do que qualquer dos lados teria sozinho. A tabela na página seguinte ressalta algumas das maiores diferenças entre o diálogo e o debate.

O diálogo, em sua acepção mais pura, é diferente de outras formas de comunicação. Mas outras modalidades de comunicação podem conter aspectos do diálogo. A comunicação é algo fluido, e com frequência vai assumindo uma e outra forma alternadamente. Um bom diálogo pode apresentar a forma solta de uma conversa, a abordagem focada do aprendizado, e a veemência passional, o vigor ou mesmo a raiva do debate.

Embora este livro se concentre no uso do diálogo planejado e intencional, é importante notar que a essência do diálogo – a escuta respeitosa, o aprendizado e a troca de experiências que formam nossas crenças – pode estar presente de algum modo em quase qualquer conversa que envolva duas ou mais pessoas. Por isso, qualquer um pode empregar suas habilidades de facilitação a fim de levar um jantar de natal, uma reunião ou uma conversa para longe do antagonismo e na direção do diálogo.

DEBATE	DIÁLOGO
O objetivo é "ganhar" a discussão mantendo sua própria visão e desacreditando a dos outros.	O objetivo é compreender as diferentes perspectivas e aprender sobre a visão dos outros.
As pessoas escutam as outras para encontrar defeitos nos argumentos.	As pessoas escutam as outras para compreender como as experiências deles formaram suas crenças.
As pessoas criticam as experiências dos outros como sendo distorcidas ou inválidas.	As pessoas aceitam as experiências dos outros como verdadeiras e válidas.
As pessoas parecem determinadas a não mudar seu ponto de vista sobre o assunto.	As pessoas parecem em certa medida abertas a compreender melhor o assunto.
As pessoas falam com base em pressupostos que formam sobre a posição e motivação do outro.	As pessoas falam fundamentalmente a partir de sua própria compreensão e experiência.
As pessoas estão em oposição e tentam provar que o outro está errado.	As pessoas cooperam para construir uma compreensão comum.
Emoções fortes como a raiva são muitas vezes utilizadas para intimidar o outro lado.	Emoções fortes como raiva e tristeza são apropriadas quando expressam a intensidade de uma experiência ou crença.

O QUE FAZ DO DIÁLOGO ALGO SINGULAR?

Um processo guiado

Em geral, o diálogo eficaz entre pessoas com experiências e crenças diferentes requer a orientação de um facilitador. O papel do facilitador na condução da conversa torna o diálogo diferente das outras formas de comunicação, pois ajuda a criar um espaço seguro colocando regras básicas ou orientações para manter os participantes focados na escuta e na cooperação mútua. O facilitador conduz o processo sem decidir quem está certo e quem está errado, nem determinar quem seja o "ganhador" – como faria o moderador de um debate político. O Capítulo 6 descreve as importantes dimensões da facilitação do diálogo.

A intenção de aprender e mudar

A intenção por trás do diálogo é sua característica mais decisiva. Ele funciona melhor quando as pessoas envolvidas estão abertas ao aprendizado e à mudança. O papel do facilitador do diálogo é incentivar esse tipo de atitude.

> O diálogo requer a disposição para aprender por parte daqueles que discordam.

A maioria de nós acredita, consciente ou inconscientemente, que existe apenas uma maneira certa de pensar e agir. É por isso que alguns criticam o diálogo, pois ele requer o reconhecimento de que se pode aprender com pessoas que têm crenças diferentes das nossas. Se alguém acredita ser o único detentor da verdade, não vê necessidade em escutar os outros.

O diálogo funciona melhor quando os participantes nutrem curiosidade e um senso de maravilhamento pelos outros, bem como um desejo de aprender mais a respeito das pessoas e suas experiências. No diálogo as pessoas reconhecem que podem se beneficiar de escutar, aprender, falar e trabalhar com os outros. Os participantes acabam compreendendo que suas crenças a respeito de determinada questão foram moldadas por experiências de vida e outros fatores como idade, classe social, religião, etnia, geografia ou gênero. A abertura para aprender com os outros e sobre eles ajuda a criar espaços onde as pessoas podem ser francas em relação a suas similaridades e diferenças. Num processo dialógico, espera-se dos participantes que escutem respeitosamente, aprendam, e partilhem suas vivências com os outros.

UMA HISTÓRIA DE DIÁLOGO

Começamos a facilitar diálogos em 1999 na Hope in the Cities, uma organização sem fins lucrativos sediada em Richmond, Virginia, EUA, que trabalha para a criação de comunidades justas e inclusivas.[2] A história dessa cidade está mergulhada na escravidão, portanto, Richmond era o lugar ideal para usar o diálogo a fim de trabalhar divisões sociais muito antigas e persistentes. Trabalhávamos como uma equipe birracial – David, um homem afro-americano, e Lisa, uma mulher branca – para tentar estabelecer um modelo de cooperação entre raças.

Em 2001 idealizamos e implementamos o projeto para uma série de retiros de final de semana de diálogo com grupos de 20 pessoas negras, brancas, latino-americanas e asiáticas, todos moradores de Richmond. Durante um final de semana por mês, ao longo de vários anos, grupos racialmente variados se reuniam num centro de retiros para partilhar refeições e estadia, relaxar nas salas de recreação e jardins, desfrutar de um cenário deslumbrante e manter diálogos formais e informais. Durante a Guerra de Secessão, a mansão e seus jardins tinham sido um hospital administrado por freiras, que tratava soldados de ambos os lados: Norte e Sul. Este nos pareceu um lugar muito apropriada para diálogos honestos sobre as divisões raciais, econômicas e políticas da cidade.

Esses diálogos de final de semana tinham um formato singular, diferente da maior parte das iniciativas de reconciliação racial que aconteciam nos Estados Unidos naquela época, com duração de apenas duas ou três horas. O modelo de final de semana permitia uma construção de relacionamentos mais intensiva, que fomentava maior grau de transformação. Os rituais informais de comer, beber, caminhar e relaxar juntos – com momentos de oração ecumênica como complemento – ajudaram a transformar a percepção dos participantes sobre questões de raça, classe social e política, num ambiente seguro e convidativo criado pelos relacionamentos. Em última instância, esse relacionamento entre pessoas de grupos econômicos e raciais diferentes é o que motiva as pessoas a fazerem mudanças em suas comunidades.

O formato de retiro é apenas um modelo possível para facilitar o diálogo. Há muitos outros. Nos capítulos seguintes, exploraremos como o diálogo funciona; como organizar, planejar e facilitar um processo de diálogo; e como ir da conversa para a ação. Entremeamos alguns exemplos da nossa experiência ao longo do livro para mostrar as diversas utilidades do diálogo.

Este livro apresenta maneiras de você começar a utilizar o processo dialógico na sua família, local de trabalho, comunidade e país. Com algumas técnicas simples de facilitação, qualquer pessoa pode ajudar a transformar um debate ou conversação tensa, levando-o a assumir algumas das qualidades do diálogo. Estimular as pessoas a falar sobre as experiências de vida que ajudaram a moldar suas crenças e opiniões (ao invés de perguntar sobre essas crenças e opiniões em si mesmas) pode contribuir para mudar o rumo da conversa. Qualquer pessoa pode ressaltar os pontos em comum ou as similaridades que aparecem em visões opostas de uma questão. E qualquer um pode incentivar as pessoas a escutarem respeitosamente os outros.

Portanto, este livro é útil a todos que participam de conversas e não apenas para facilitadores de diálogo. Numa era de globalização, com crescente interdependência de pessoas e sociedades diferentes, a comunicação eficaz é vital. Do nosso ponto de vista, comunicação melhor leva a melhor entendimento, que viabiliza a oportunidade de trabalhar e conviver de modo respeitoso.

2
COMO FUNCIONA O DIÁLOGO?

O diálogo oferece variados benefícios a indivíduos e comunidades. Um modo de explicar a forma como o diálogo atua é que ele afeta três partes – distintas, porém inter-relacionadas – da nossa humanidade: **intelecto**, **emoções** e **espírito**. O processo dialógico é mais eficaz quando atende a essas três dimensões.

INTELECTO

O diálogo expõe as pessoas a diferentes maneiras de ver o mundo. Elas têm a oportunidade de repensar sua compreensão e conhecimentos sobre um assunto, evento ou grupo de pessoas. O diálogo cria um lugar seguro para escutar e fazer perguntas a pessoas que têm experiências e visões de mundo diferentes da nossa. Ao reconhecer a potencial validade de pontos de vista alternativos, expandimos nossa compreensão para além da visão individual. Por exemplo, se ambientalistas e criadores de gado participarem de um diálogo sobre a utilização da terra, descobrirão novas informações sobre os interesses e necessidades uns dos outros.

EMOÇÕES

O diálogo provoca maior entendimento emocional dos outros e de si próprio; ele agita paixões e motiva as pessoas a agir. Às vezes o diálogo nos ajuda a identificar ressentimentos que nutrimos, sem saber, contra indivíduos ou grupos. Quando funciona bem, o diálogo ajuda a expandir o senso de empatia pelos outros e os leva a agir para mudar a situação.

Por exemplo, um processo dialógico intencional entre um casal pode ajudar os dois a conhecerem o contexto histórico que moldou as necessidades emocionais de seu cônjuge. Um deles pode ter desenvolvido a necessidade de espaço emocional e reflexão depois de uma briga. O outro talvez prefira resolver as questões o quanto antes. O diálogo pode ajudar cada um deles a compreender o pano de fundo dessas necessidades emocionais distintas, e motivar o casal a experimentar outras maneiras de interagir a partir dessa nova compreensão das necessidades do outro.

ESPÍRITO

Os facilitadores de diálogo cultivam, no mínimo, um nível básico de estima por todos os participantes. Embora esse senso de estima e cuidado não seja exclusivo dos processos dialógicos, nem sempre está presente como regra na sociedade, especialmente entre pessoas desconhecidas. A experiência de receber estima verdadeira pode expandir o senso comunitário e de pertencimento de uma pessoa.

Muitas vezes os praticantes religiosos descrevem o senso de humanidade e respeito comum do diálogo dizendo que Deus está presente. Fazendo uma comovente descrição de como o diálogo pode tocar níveis mais profundos de nossa humanidade, um participante certa vez descreveu o trabalho do facilitador como "uma cirurgia na alma".

COMO O DIÁLOGO NOS AFETA INDIVIDUALMENTE

Muitas vezes o diálogo afeta as pessoas de maneiras significativas e duradouras. Anos depois de intenso diálogo entre pessoas que passaram por um grande trauma ou conflito, os participantes às vezes conversam sobre o quanto a experiência os transformou. Em alguns casos as pessoas são tocadas tão profundamente que mudam de profissão para tratar das questões que surgiram no diálogo. Muitos vivenciam os efeitos a seguir.

Reflexão pessoal e clareza

Um dos principais objetivos do diálogo é ajudar os participantes a ganharem maior compreensão de seus próprios pontos de vista, valores, padrões de pensamento e vieses. A maior parte das pessoas não percebe o quanto suas singulares experiências de vida moldaram suas crenças e maneiras de agir. Elas desenvolvem percepções distintas sobre o que é "verdadeiro", "certo" ou "bom" em virtude de suas experiências de vida. Diferentes percepções ou "visões de mundo" – maneiras de ver o mundo – podem causar desarmonia e levar a conflitos interpessoais ou intergrupais. Quando o diálogo é bem-sucedido, as pessoas saem do processo com maior clareza sobre como suas experiências pessoais modelaram sua percepção, e como as percepções moldam sua maneira de interpretar as experiências.

> O diálogo ajuda os participantes a compreenderem sua própria perspectiva.

Certa vez, num diálogo pais/filhos adolescentes, uma mãe reclamou inicialmente de que sua filha "choraminga muito" sobre precisar de elogios da parte dela. Através do diálogo e de sua própria reflexão, a mãe percebeu que via os pedidos por elogios da filha como algo exagerado por causa da maneira que ela própria tinha sido criada por sua mãe. Ela aprendera que dar elogios diminui o poder dos pais. Este é um exemplo de como o diálogo pode ajudar os participantes a reconhecerem seu papel nas situações difíceis que enfrentam. Esse espaço de autorreflexão pode levar a muitas mudanças.

Empatia pelos outros

Muitas vezes preferimos estar com pessoas que percebemos como similares a nós mesmos. As pessoas que se veem como significativamente diferentes de outra pessoa ou grupo criam fronteiras que distinguem "nós" de "eles". Quanto menos interagem entre si, maior a probabilidade de verem o outro como estranho, errado ou até mesmo mau. Um objetivo fundamental do diálogo é explorar as experiências dos participantes para que possam ter a oportunidade de compreender por que esses diferentes grupos enxergam a realidade de modo diverso.

Nas ilhas Fiji, onde há diferentes etnias, os líderes indígenas muitas vezes entram em conflito com os líderes comerciais e comunitários da população de indianos de Fiji (originalmente vindos da Índia). Essas tensões irromperam na forma de golpes políticos em várias ocasiões. Durante um diálogo nacional de paz entre etnias das ilhas Fiji, os participantes partilharam entre si suas maiores necessidades e interesses para encontrar uma solução pacífica pondo fim a essas tensões. Ao longo do processo aprenderam a ter empatia com as experiências dos outros e descobriram similaridades que, antes do diálogo, desconheciam. O diálogo ofereceu o contexto para que as duas etnias partilhassem suas experiências de sobreviver a vários golpes políticos violentos. As pessoas de ambos os grupos contaram histórias de ansiedade e tensão devido à agitação política. O diálogo criou um sentimento de história partilhada e senso comunitário nos tempos de dificuldade.³

Maior compreensão

Para o diálogo é fundamental compreender por que as pessoas acreditam naquilo que acreditam, no contexto de suas histórias. Alguns podem entender que relatos dos fatos em jornais ou pesquisas são medidas mais objetivas para saber a verdade, se comparadas a histórias pessoais. Mas o diálogo ajuda os participantes a compreenderem que os dois tipos de conhecimento são valiosos, e que nenhum deles é totalmente objetivo.

Os participantes dos diálogos inter-raciais de Richmond refletiram sobre suas próprias vidas, especialmente sobre suas experiências de segregação econômica, racial e de bairro naquela cidade. Com o tempo, vimos mudanças significativas entre os participantes no tocante a como compreendiam o impacto racial nas divisões econômicas e políticas da cidade. No geral, os afro-americanos tendiam a ter uma consciência mais forte desse impacto por causa de sua própria experiência. No entanto, o diálogo levou alguns moradores brancos a perceberem que partilhavam com alguns negros uma frustração semiconsciente sobre o modo como algumas partes da cidade eram consideradas "proibidas" para brancos nas noites de final de semana.

> O diálogo valoriza tanto os "fatos objetivos" como as histórias pessoais, para compreender uma questão.

COMO O DIÁLOGO AFETA GRUPOS E COMUNIDADES

Muitas pessoas se envolvem com o diálogo devido aos efeitos positivos que pode ter sobre grupos ou comunidades inteiras. A intensidade dessas mudanças varia muito, mas entre eles estão os efeitos inter-relacionados que veremos a seguir.

Redução nas divisões
O conflito é parte fundamental da condição humana. Por natureza, o conflito produz, ao menos temporariamente, um senso de divisão entre as pessoas que veem uma mesma situação de modos diferentes e enxergam nos outros um obstáculo para seus próprios objetivos.

Em algumas situações, o conflito produz de fato uma divisão. Algumas pessoas veem os outros como diferentes ou inferiores a si próprias. Cisões profundas como estas dificultam o surgimento e a concretização de um sentido de propósito comum, e aumentam a probabilidade de conflitos futuros serem tratados de modo destrutivo.

O diálogo é usado não apenas para resolver um conflito imediato e premente, mas também para tratar de maneira direta essas cisões históricas mais profundas entre indivíduos e grupos. Ele oferece oportunidades de reunir as pessoas para refletirem sobre sua humanidade partilhada e pontos em comum.

Muitas igrejas usam o diálogo como processo para tratar de divisões internas. Pessoas dentro de uma mesma congregação podem ter visões diferentes sobre temas como a homossexualidade, tipos de adoração, aborto ou divórcio. Por vezes as divisões se tornam tão profundas que a igreja se divide em duas ou mais igrejas. O diálogo pode ajudar a congregação a discernir os diferentes conjuntos de experiências e expressões de fé que os dividem, bem como a acessar a unidade ou pontos em comum.

Num diálogo entre pais e filhos negros, alguns adultos observaram que nunca tinham percebido com clareza os estressores que seus jovens enfrentavam, como o fato de sentirem que os alunos brancos não acreditam em sua capacidade acadêmica, por um lado, e, por outro, sofrerem a pressão dos colegas negros para não se esforçarem nos estudos. O mais importante é que os adultos perceberam que não conseguiam escutar de fato seus próprios filhos, e assim inadvertidamente foram causa de mais estresse. O diálogo ajudou esses pais a compreender melhor o estresse estudantil, assim reduzindo a divisão entre pais e filhos.[4]

Senso comunitário

Na sociedade norte-americana, cada vez mais, as pessoas levam vidas independentes e raramente sabem de seus vizinhos ou se relacionam com eles. O diálogo pode criar um senso de coesão entre pessoas díspares, em boa parte porque o diálogo começa com a partilha de experiências.

Um senso palpável de unidade ou proximidade se desenvolve quando as pessoas encontram semelhanças entre suas experiências e a história dos outros. O diálogo faz mais do que reunir pessoas diferentes: ele atua intencionalmente para construir um senso comunitário.

> O diálogo constrói senso de unidade entre pessoas díspares.

Depois dos trágicos eventos de 11 de setembro de 2001, as pessoas em todas as partes dos Estados Unidos começaram a se reunir para conversar sobre o acontecido com seus vizinhos. A tragédia reuniu as pessoas de modos inéditos.

Desconhecidos procuravam conversar entre si, se dispunham a escutar sobre o sofrimento dos outros e encontrar maneiras de ajudar. Depois do desastre, algumas comunidades planejaram diálogos formais para intencionalmente buscarem modos de expressar o trauma e criar caminhos para a cura e união da comunidade.

Padrões de comunicação melhores

Os facilitadores de diálogo servem de modelo e incentivam os participantes a desenvolverem uma ampla gama de habilidades, entre elas: escuta ativa; fala honesta e assertiva sobre experiências e opiniões e ao mesmo tempo sensibilidade para com os outros; obediência às regras básicas do grupo para comunicação eficaz e identificação de bases comuns. As atitudes e habilidades necessárias ao diálogo são úteis para aprimorar a comunicação em muitas situações e são o fundamento de qualquer processo de transformação de conflitos e construção da paz.

Muitos participantes dos diálogos entre pais e filhos adolescentes relataram que as tensões em casa diminuíram substancialmente. Os pais disseram que passaram a escutar com muito mais paciência, e os jovens, que passaram a não recorrer tão rápido ao enfrentamento. Além disso, muitos pais relataram que antes não contavam com o apoio de outros pais, e que agora tinham assumido o compromisso de se manterem conectados entre si depois do final do diálogo.

O diálogo pode afetar os padrões de comportamento tanto no nível individual como no coletivo. Muitas instituições usaram o treinamento e experiências de diálogo para mudar a forma de lidar com o conflito e tomar decisões junto aos interessados. Por exemplo, a HMO, uma empresa de seguro de saúde com 100 mil clientes, fez um treinamento organizacional sobre habilidades de diálogo com o objetivo não apenas de melhorar as habilidades de cooperação da equipe médica, mas também de se comunicarem com pacientes de modo mais eficaz.[5]

Análise coletiva
Líderes comunitários e criadores de políticas públicas têm poucas ferramentas para avaliar o que a opinião pública pensa sobre determinado problema. Pesquisas de opinião mostram se os entrevistados concordam ou não com as políticas educacionais, mas não oferecem aos líderes uma visão real do que os pais consideram ser os problemas educacionais básicos, nem fornecem ideias criativas para sua solução.

O diálogo é uma forma de identificar colaborativamente as questões mais importantes que afetam um grupo. Pode ajudá-lo a compreender como e por que algumas pessoas se sentem excluídas do processo decisório da comunidade. Em outros casos o diálogo pode ajudar as pessoas a entrarem em contato com sua insatisfação diante de dada situação de modo a motivá-las a se envolverem em atividades voltadas para a mudança.

Ao utilizar o diálogo sobre questões que envolvem grande quantidade de pessoas, organiza-se dúzias ou mesmo centenas de diálogos em pequenos grupos – por vezes no mesmo lugar. As tecnologias modernas permitem que centenas de pessoas se envolvam em diálogos em grupos pequenos e depois compartilhem por via eletrônica suas observações analíticas mais importantes e ideias criativas para ação coletiva.[6]

Em 2002, 4.300 pessoas se reuniram na cidade de Nova York para um diálogo sobre os projetos de reurbanização da área onde estava o World Trade Center antes do ataque. Os coordenadores do evento se esforçaram para garantir a representação de sobreviventes do ataque de 11/9, de familiares das vítimas, de donos de lojas vizinhas e moradores da redondeza. Qual não foi a surpresa de todos quando as pessoas reunidas manifestaram rejeição aos seis projetos propostos. Depois da reunião, as autoridades locais responsáveis pela reurbanização encomendaram um novo conjunto de projetos que expressassem mais fielmente as preferências manifestadas no diálogo.[7]

Opções de ação colaborativa

A análise coletiva abre caminho para a ação coletiva. O próprio processo dialógico muitas vezes oferece um modelo inspirador que mostra como a comunidade pode usar a força da diversidade para mudar de modo construtivo. À medida que as pessoas vivenciam uma pequena versão de sua comunidade ideal "dos sonhos" por meio do processo dialógico, se entusiasmam e criam a energia para aprimorar relacionamentos e padrões de comunicação fora do processo de diálogo.

> A sabedoria coletiva de todos os membros ajuda a orientar decisões melhores.

Por exemplo, os diálogos sobre desenvolvimento, expansão urbana e crescimento da comunidade reúnem pessoas diferentes – fazendeiros, imigrantes, líderes da área dos negócios, pais, e muitos outros – que buscam soluções. A diversidade inerente à experiência dos diversos interessados é essencial para empreender uma análise cuidadosa dos problemas atuais e potenciais das decisões comunitárias para o desenvolvimento. As necessidades e desejos coletivos de todos os membros da comunidade oferecem o melhor guia para tomar decisões inteligentes de crescimento e desenvolvimento, por exemplo, onde construir escolas, conjuntos habitacionais e centros comerciais.

O diálogo prepara o grupo para ações coletivas – ou ao menos para explorar de modo saudável a viabilidade de tais ações. O diálogo oferece espaço para que as pessoas expressem suas experiências, perspectivas e preferências de ação, e dá aos ouvintes um sentido mais confiável do que querem os interessados. Isso, por sua vez, reduz as divisões, aumenta o senso de identidade do grupo e traz benefícios emocionais e espirituais. Além do mais, a sabedoria, análise e visões coletivas do futuro, que emergem do diálogo entre pessoas diversas, abrem caminho para outras possibilidades.

3
EM QUE SITUAÇÕES O DIÁLOGO É ÚTIL?

Este capítulo explora as situações em que o diálogo é útil e as condições prévias necessárias para um diálogo bem-sucedido. Detalha as diversas formas que o diálogo assume, desde a estruturação de uma aula semanal da escola dominical até sua utilização numa conferência formal.

PRÉ-REQUISITOS PARA UM PROCESSO DIALÓGICO BEM-SUCEDIDO

A existência de quase infinitas variações e utilidades do diálogo torna difícil enumerar regras fáceis e rápidas. Mesmo assim, algumas condições são muito úteis.

Diversidade de experiências

Uma vez que o propósito básico do diálogo é ajudar as pessoas a examinarem percepções, ideias e entendimentos (seus e dos outros), então é vital que os participantes tragam para o diálogo experiências diferentes. Por exemplo: o diálogo sobre homossexualidade numa igreja trará mais compreensão e crescimento se nele forem incluídas pessoas com perspectivas, orientações e experiências diferentes, bem como posições religiosas diversas.

Quando não se consegue reunir pessoas com visões diferentes sobre um assunto, serão menores os benefícios de travar um diálogo sobre tal questão. Essas situações exigem mais habilidade por parte do facilitador, que deve encontrar uma maneira de incluir na discussão as experiências e perspectivas que não estão representadas por pessoas. O grau de transformação gerado pelo diálogo depende em grande parte do nível de diversidade do grupo, pois dessa forma os participantes percebem que experiências diferentes levam a perspectivas diferentes sobre a mesma questão.

Não é preciso tomar decisões imediatas
O diálogo em geral é mais produtivo quando não é necessário tomar uma decisão urgente. Ele ajuda a criar condições para ações colaborativas, mas é mais eficaz quando não há pressão para uma ação imediata.

Em grande medida, o diálogo é descoberta – os participantes exploram suas perspectivas sobre um determinado assunto, buscam o que pode estar na raiz de suas diferenças e similaridades, e então tentam descobrir se há base comum para a ação.

> Diálogo é descoberta.

Urgência ou pressão para agir é algo que tende a reduzir a paciência dos participantes ao longo do processo de exploração e descoberta. Essa impaciência diminui a capacidade de praticar a escuta profunda que o diálogo requer.

Além disso, quando um grupo se sente pressionado a tomar uma decisão, o foco se volta para a geração e análise de fatos que parecem relevantes à tomada de decisão. No processo decisório o grupo perde de vista as diferentes experiências dos participantes e as implicações dessas diferenças.

Mesmo fazendo essas observações, é preciso ressaltar também que o diálogo é útil para arrefecer as tensões em situações de conflito ou violência iminente. Foi o que ocorreu num caso em Cincinnati, Ohio, em abril de 2001, quando o conflito entre policiais e a comunidade esquentou depois de a polícia atirar numa pessoa desarmada. Realizou-se um esforço de grande escala para tratar esse conflito usando o processo dialógico a fim de conversar dentro dos grupos raciais e através das divisões raciais. Os diálogos resultaram em um conjunto de recomendações dos cidadãos sobre o que poderia ser feito para melhorar as relações entre grupos de cidadãos e a polícia. Nesse contexto, o diálogo ajudou a reduzir tensões e criar um espaço seguro para construir relacionamentos entre pessoas de um lado e outro do conflito.[8]

Razoável equilíbrio de poder

Seria ideal que todos os participantes do diálogo tivessem nível igual de poder. O diálogo é mais difícil quando alguns indivíduos do grupo são percebidos como tendo mais poder do que outros devido à educação, riqueza ou posição social. Um desequilíbrio muito grande de poder tende a minar a capacidade de diálogo do grupo. Isso é especialmente verdadeiro se o diálogo for preparação para uma possível ação conjunta na qual alguns participantes do diálogo têm mais poder para moldar as ações que o grupo adotará.

Em situações onde o poder é desigual entre os participantes, aqueles com mais poder tendem a ser levados mais a sério do que os que têm menos poder. Por outro lado, estes poderão se desvincular psicologicamente do processo e/ou se ressentir com os membros mais poderosos do grupo. Podem ter a sensação de que o processo é meramente um falso ritual para preparar o grupo para o que os mais poderosos pretendem fazer (com ou sem diálogo).

Semelhança em capacidade de comunicação percebida

Há mais chance de sucesso no diálogo quando os participantes partilham de semelhante capacidade de comunicar suas ideias, emoções e alma através da palavra. Devido à experiência, educação, idade ou histórico linguístico, talvez algumas pessoas se percebam ou percebam aos outros como menos capazes de expressão verbal.

Nos diálogos inter-raciais que facilitamos, os participantes com menos educação formal falavam menos. Ao conversar em particular com eles, descobrimos que ficavam quietos pois pensavam que os participantes com mais educação formal sabiam falar desses assuntos de modo mais "chique". Isso se tornou uma questão importante, pois o objetivo era justamente criar parcerias entre indivíduos pertencentes aos vários grupos da cidade, inclusive raciais e sociais. Embora o diálogo conseguisse criar pontes entre grupos raciais, era mais difícil vencer as divisões de classe social e de educação.

Se possível, é aconselhável não reunir grupos que tenham muita diferença na capacidade de comunicação. Por exemplo, alguns especialistas em diálogo não colocam jovens e adultos num mesmo grupo pequeno. Para fazer a ponte entre grupos com diferenças de linguagem que refletem níveis educacionais distintos, alguns especialistas em diálogo incorporam técnicas de comunicação não verbal, como desenhos e jogos grupais que ajudam a colocar todos em pé de igualdade.

TIPOS DE DIÁLOGO

O diálogo assume muitas formas variadas para atender diferentes necessidades. Ele pode ser interpessoal e acontecer uma vez apenas no contexto de um evento maior, como um congresso, ou através de uma série de encontros, ou em um processo constante ao longo dos anos.

Diálogo informal em grupos pequenos ou entre duas pessoas

Qualquer um pode usar habilidades dialógicas informalmente para amenizar discussões sobre assuntos difíceis. O diálogo pode acontecer sempre que uma ou mais pessoas na discussão conseguirem utilizar habilidades de facilitação para dar um exemplo de boa comunicação, escuta e uma atitude de aprender com a experiência dos outros.

Diálogo avulso

O diálogo pode ser incorporado a um evento isolado, como um congresso ou retiro, a fim de **explorar um assunto específico**. Em oficinas ou seminários o formato de diálogo pode ser usado para ajudar os participantes a partilharem experiências e explorarem um determinado tema. Pode-se incluir numa conferência um período de tempo para que todos os participantes se reúnam em grupos pequenos onde dialogarão com a ajuda de facilitadores.

Um processo dialógico avulso pode ser usado para **tratar de um conflito** que esteja chegando ao ponto de ebulição. O diálogo permite que pessoas em lados diferentes do conflito ouçam umas às outras com mais clareza do que ouviriam fora do contexto desse processo. A presença de facilitadores e o recurso de conversações em pequenos grupos muitas vezes minimiza a tendência de querer causar uma boa impressão (ou o exibicionismo) e as representações distorcidas das diferentes posições – algo que acontece com frequência em reuniões públicas convocadas com o propósito de tratar de questões tensas. Além disso, o diálogo é valioso para ajudar as pessoas a ouvirem os interesses "do outro lado" no sentido de aumentar a harmonia dentro do grupo.

Diálogos avulsos também são úteis para **reunir informação**. Convidar centenas ou milhares de pessoas para um diálogo avulso ou uma "assembleia municipal" pode ajudar os organizadores a acessar rapidamente as preferências das partes interessadas.

Outro propósito dos diálogos avulsos é **mobilizar a comunidade**. Se os organizadores conseguirem gerar interesse através das mídias, reunir um grupo grande de pessoas para dialogar ajuda a conscientizar a comunidade sobre determinado assunto. Além disso, à medida que as pessoas vivenciam um diálogo autêntico em torno de questões difíceis junto a pessoas diferentes, se tornam mais propensas a colocar energia no apoio a mudanças comunitárias.

Diálogo em múltiplas sessões

Muitas organizações usam uma série de três a oito diálogos para tratar de problemas comunitários em andamento. Embora a maioria das difíceis questões comunitárias pudesse se beneficiar de mais sessões, os participantes em geral não desejam se comprometer com um processo sem data definida para terminar. Assim, limitar o número de sessões facilita o processo de convocar a participação dos interessados.

Diálogo continuado

Alguns processos dialógicos não têm prazo final definido. Esses processos são às vezes chamados de comunidades de aprendizado ou grupos de apoio, que intencionalmente usam o diálogo como metodologia para seus encontros. Em muitos casos os diálogos continuados surgem de uma série de diálogos que produziu entusiasmo nos participantes devido ao poder de tais trocas.

Por exemplo, durante os anos 1980 os cidadãos da União Soviética e dos Estados Unidos mantiveram um diálogo continuado, sem data para terminar. Durante anos os facilitadores reuniram pessoas dos dois países num esforço para criar relacionamentos positivos e diminuir as tensões. Harold Saunders, um especialista em diálogo que facilitou muitos deles, chamou esses diálogos abertos de "diálogo continuado".[9] Essa modalidade é útil em situações onde os problemas ou conflitos estão profundamente enraizados na história e na percepção que as pessoas têm de sua identidade, religião ou cultura, e quando o conflito é complexo e envolve muitos interessados.

Diálogo de grande escala

Os diálogos de grande escala podem reunir centenas ou mesmo milhares de pessoas através de conversações simultâneas em grupos pequenos, orquestradas por uma organização central. Diferente de uma assembleia municipal onde um número relativamente pequeno de pessoas pode falar, o diálogo de grande escala bem organizado concede a todos os participantes a oportunidade de expressar seu ponto de vista. O diálogo em grande escala dá às pessoas um senso mais palpável e óbvio de "comunidade".

Através de facilitadores muito hábeis e tecnologias como a teleconferência, organizações como o AmericaSpeaks conduzem processos dialógicos para comunidades grandes ou cidades inteiras. Um processo que envolva 1.000 pessoas pode reunir os participantes em 100 mesas de diálogo com 10 pessoas cada. Em Nova Orleans, por exemplo, o AmericaSpeaks organizou dois diálogos envolvendo 2.500 pessoas em dezembro de 2006, e 1.300 pessoas em janeiro de 2007, para que tanto os cidadãos ainda residentes na cidade e os que se encontravam em outros municípios pudessem examinar os planos para a reconstrução da cidade. Esses encontros deram aos urbanistas e autoridades públicas retornos concretos sobre os pontos de vista dos cidadãos quanto a questões importantes. Esses diálogos também começaram a construir a confiança dos cidadãos no próprio processo de planejamento urbano. Depois do segundo encontro, os moradores recomendaram que a cidade se reunisse quatro vezes ao ano e também realizasse encontros de diálogo anuais para receber as impressões dos munícipes sobre o processo de reconstrução.

Nos diálogos de grande escala, os participantes e organizadores conseguem obter um sentido mais preciso das necessidades dos diferentes interessados no processo. Quando as pessoas sentem que foram incluídas e verdadeiramente ouvidas, é menos provável que imponham resistência a decisões grupais opostas à sua posição.

4

COMO ORGANIZAR O PROCESSO DO DIÁLOGO

Embora qualquer pessoa possa criar um diálogo informal em casa, no trabalho ou numa associação, os diálogos formais ou de maior escala exigem trabalho em equipe. Esse esforço começa pela avaliação das capacidades individuais e pela divisão de responsabilidades de acordo com essa avaliação. Mais especificamente, é preciso ter um **organizador de diálogo**, um **planejador de diálogo** e um **facilitador de diálogo**.

O **organizador/promotor de diálogo** coordena o processo de convidar as pessoas para participarem do diálogo. O organizador deve também gerenciar a logística e a atmosfera do processo dialógico.

O **planejador de diálogo** desenvolve a sequência e as etapas do processo dialógico. Isso inclui a criação das perguntas que conduzirão o grupo a examinar o assunto. Inclui também o planejamento de outras interações entre os participantes, como apresentações, a discussão das regras fundamentais, refeições e atividades em grupo.

O **facilitador de diálogo** conduz os participantes ao longo do processo dialógico. Em geral, o facilitador se orienta por um plano de diálogo criado pelo planejador e delibera cuidadosamente quando surge a necessidade de decidir se convém desviar-se desse planejamento.

Este capítulo discutirá as tarefas do organizador/promotor, cujo papel é desenvolver uma estratégia para atrair as pessoas para participarem do diálogo. Alguns são bons facilitadores porque são calmos e equilibrados. Essas mesmas pessoas podem não ser tão hábeis na hora de efetivamente fazer acontecer o evento e convencer as pessoas a participar do processo – tarefas que exigem facilidade para transmitir e gerar entusiasmo. Quando a equipe estiver sendo criada é útil ter em mente essas funções básicas. É importante planejar um processo dialógico da melhor qualidade e envolver facilitadores muito hábeis, mas tudo isso será em vão caso não se consiga organizar e promover o diálogo concretamente.

Vários tópicos são relevantes quando organizamos qualquer processo dialógico: desenvolver um hábil plano de marketing, escolher uma localização estratégica para o diálogo, e criar uma equipe que, com sabedoria, aproveita ao máximo as diversas qualidades individuais dos membros da equipe.

O MARKETING DO PROCESSO DE DIÁLOGO

Convencer as pessoas a participar do processo dialógico demanda algum esforço. Este não é um processo muito natural, especialmente em culturas que gostam de debates acalorados, discussões sobre como realizar determinada tarefa, ou treinamentos para disseminar informações. O diálogo é diferente dessas práticas, pois o foco é o aprendizado colaborativo.

> Um hábil plano de marketing pode convencer as pessoas a participarem do processo de diálogo.

Recorrendo a algumas estratégias de marketing, as mesmas que as empresas usam para vender seus produtos, os organizadores do diálogo podem aprender a convencer as pessoas a aderirem ao processo dialógico. Os homens de negócios sabem que precisam apelar para as necessidades e interesses de seus clientes. Da mesma forma, as estratégias de marketing para o diálogo devem ser concebidas para atingir um público específico. As seguintes perguntas podem ajudar a identificar o melhor modo de apresentar um diálogo de modo a estimular grupos diversificados a participarem:

1. Quais são os grupos de interesse que você quer que estejam representados no diálogo?
2. O que cada um desses grupos considera serem suas necessidades ou interesses no tocante ao assunto a ser abordado no diálogo?
3. Por que cada um desses grupos estaria interessado em participar do processo? O que seus membros ganharão com isso?
4. Que mensagem de marketing terá maior probabilidade de atrair tal grupo de interesse e motivar seus membros a participar do processo dialógico?

Por exemplo: algumas comunidades estão motivadas a participar do diálogo por que querem que os políticos ouçam a vontade do povo. Em outras comunidades a ideia de reunir as partes de um conflito para buscar terreno comum pode ter maior apelo como mensagem de marketing. Um hábil promotor de diálogo cria as mensagens de publicidade do evento com base nas necessidades singulares dos grupos de interesse.

Pelo fato de o diálogo ser muito diferente das formas mais típicas de comunicação, é fundamental que os convites sejam formulados com o tom certo. Pouquíssimos adultos se sentem empolgados a participar de um processo que os transformará. Ao contrário, é mais provável que as pessoas sejam mais receptivas à ideia de que aprenderão sobre o modo como outras pessoas pensam sobre determinado assunto, ou de que terão a oportunidade de explicar aos outros seu próprio ponto de vista.

O CONVITE

Em geral, folhetos, cartazes ou mensagens por e-mail são pouco produtivos quando se quer convidar as pessoas para o diálogo. Muitos organizadores de diálogo sentem que a comunicação boca a boca é o melhor modo de convidar os potenciais participantes. Os organizadores podem convidar primeiro os líderes chaves e depois os outros, utilizando o compromisso de participação daqueles como argumento de convencimento. Participantes que já aderiram ao processo podem sugerir nomes de outros interessados, ou mesmo convidar outros que, na sua visão, devam ser incluídos.

Quando o diálogo tem por finalidade a realização de um projeto, é necessário propagandear amplamente para conseguir recrutar os participantes para um processo que resolva o problema de modo eficaz. Contudo, um convite centrado na tarefa pode criar a expectativa de uma solução "rápida" e diminuir a disposição dos participantes de explorar com paciência os detalhes das experiências dos demais participantes.

É importante dar transparência quanto à duração do processo. Melhor começar com poucos e depois recrutar novamente do que receber pessoas que não esperavam um processo longo, ou estender o processo além do tempo inicial divulgado.

DIVERSIDADE

É preciso colocar grande atenção e empenhar recursos significativos para garantir que todos os grupos de interesse da comunidade estejam presentes. Em diálogos muito amplos com múltiplos subgrupos ou mesas de diálogo, é importante ter estratégias para garantir a diversidade em cada um dos grupos pequenos. As pessoas tendem a chegar para o diálogo acompanhadas de outros que pensam de modo semelhante, e em geral evitam sentar-se numa mesa com pessoas desconhecidas. É importante ter um sistema de alocação de lugares que distribua as pessoas aleatoriamente e também um certo reforço da obrigatoriedade de respeitar essa distribuição.

A ESCOLHA DO LUGAR

O local da realização do diálogo precisa ser neutro, tanto do ponto de vista simbólico como do ponto de vista logístico. A escolha do lugar não deve passar inadvertidamente a impressão de que alguns participantes têm prevalência sobre outros. O cuidado nessa escolha pode reafirmar o senso de justiça e igualdade sentido pelos participantes antes mesmo que o processo comece.

Por vezes o diálogo requer mais de um local. No caso dos diálogos continuados entre muçulmanos e cristãos, por exemplo, seria inteligente alternar os encontros realizando-os ora numa igreja ora numa mesquita.

Ao escolher o local, tenha em mente as associações simbólicas. Alguns lugares podem estar hoje sob o controle de instituições neutras, mas carregar associações históricas com um ou outro lado do conflito. É fundamental que os organizadores do diálogo estudem atentamente o modo como determinada locação afeta os diversos potenciais participantes do diálogo.

ALIMENTO, TEMPO E ESTÉTICA

O cuidado com a hospitalidade, como a disponibilização de comida e bebida, ajuda as pessoas a relaxarem e lhes dá algo para fazer enquanto interagem uns com os outros nos intervalos. Um local bonito e confortável também facilita o relaxamento necessário para abrir-se a novos e múltiplos pontos de vista e para enxergar a humanidade dos outros.[10]

A programação do diálogo exige certa sensibilidade em relação aos variados esquemas de trabalho dos participantes. A adesão também pode ser afetada pela disponibilidade de uma equipe para cuidar de crianças, opções de transporte e outros aspectos logísticos. Evite programar as sessões de modo que um grupo sempre tenha dificuldade de comparecer.

FACILITADORES BONS E BEM-TREINADOS

O organizador também supervisiona a seleção e treinamento dos facilitadores. A qualidade da experiência dos participantes dependerá da qualidade da facilitação. É importante recrutar facilitadores razoavelmente experientes e oferecer a eles um breve treinamento para familiarizá-los com o plano de diálogo, para que tenham clareza quanto aos objetivos de cada diálogo de grupo pequeno. Dado seu papel no processo, é essencial que se sintam apreciados antes, durante e depois do evento.

Nos diálogos grandes com múltiplos facilitadores, um facilitador principal deve abrir, gerenciar, guiar e concluir a experiência a partir de um palco central. Em muitos casos um pequeno grupo de facilitadores principais serve para demonstrar a diversidade na liderança do processo. O facilitador (ou facilitadores) exercendo esse papel deve ser capaz de efetivamente manter a atenção de dezenas ou centenas de pessoas. Deve passar autoconfiança e até paixão pelo processo dialógico; estar totalmente familiarizado com o plano de diálogo para poder tomar decisões ou fazer os ajustes necessários; e ter uma presença calma e agradável.

Seria ideal se os organizadores escolhessem os facilitadores logo no início do processo para que estes se envolvam no planejamento do diálogo, que é o foco do próximo capítulo.

5

COMO DELINEAR O PROCESSO DO DIÁLOGO

Não há regras rígidas e infalíveis para delinear o processo dialógico. Contudo, nossa experiência mostrou alguns elementos essenciais que estão na base dos modelos mais bem-sucedidos de diálogo. São quatro os componentes ou fases gerais de um processo eficaz de diálogo.

Fase 1 – Estabelecer intenções e normas em comum
Fase 2 – Partilhar experiências e percepções
Fase 3 – Explorar a diversidade e os pontos em comum
Fase 4 – Explorar possibilidades de ação

FASE 1 – ESTABELECER INTENÇÕES E NORMAS EM COMUM

Quando existe um conflito, as pessoas tendem a questionar as intenções dos outros. Esta fase do diálogo define a intenção comum do grupo de ouvir e aprender com os outros.

A maioria das pessoas jamais participou de um processo planejado intencionalmente para promover o diálogo. Algumas normas culturais de comunicação são justamente o oposto da escuta profunda e envolvimento honesto que o diálogo requer. Para muitos, praticar essas habilidades é tão estranho quanto uma pessoa destra escrever o próprio nome com a mão esquerda.

Definir normas, orientações ou regras básicas para o diálogo ajuda a preparar os participantes para essa experiência única e assinala o fato de que terão de improvisar ou experimentar novas maneiras de se comunicar. Em grupos nos quais os participantes se conhecem talvez já haja uma comunicação de boa qualidade e pode ser que não precisem discutir essas expectativas. Mas em grupos de desconhecidos quase sempre é necessário alguma orientação sobre como irão tratar uns aos outros nesse cenário de comunicação potencialmente estranho.

Há três elementos importantes no estabelecimento das normas: **criar um espaço seguro**, **definir regras básicas** e **explicar o papel do facilitador**.

Criar um espaço seguro

No início, o papel básico do facilitador é ajudar cada pessoa a se sentir emocionalmente segura e também oferecer a garantia de que impedirá qualquer ataque verbal ou humilhação entre os participantes durante o diálogo. A percepção que as pessoas têm da personalidade e das habilidades do facilitador para criar um espaço seguro é importante. Por exemplo, o planejador do diálogo talvez tenha previsto que o facilitador deve saudar os participantes na chegada e ter algum contato pessoal com cada um antes do início da sessão. Isso pode ajudar muito no sentido de fazer com que todos se sintam à vontade.

> Cuidar para que todos tenham um lugar seguro faz com que os participantes se sintam à vontade.

Apresentar o objetivo e o foco do diálogo ajuda a criar segurança nos participantes que estão confusos, tensos ou inseguros. Expor claramente o propósito do diálogo ajuda as pessoas a compreenderem o que se espera delas e promove o relaxamento.

A apresentação dos participantes também é essencial para criar um espaço seguro. Todos querem saber quem está ali no diálogo, de onde vêm e a que organização pertencem, seja uma empresa ou igreja. Talvez o aspecto mais importante das apresentações seja a oportunidade de dizer e ouvir dos outros por que decidiram participar do diálogo. Um ritual de apresentação que solicita que as pessoas falem de sua motivação para estar no diálogo ajuda a construir confiança, aumentar a empatia e evidenciar motivações positivas compartilhadas.

É uma das atividades mais úteis na fase inicial do diálogo pois permite que os participantes se conectem uns aos outros através das motivações para estarem envolvidos nesse processo. Além disso, proporciona a cada participante a experiência de expressar sua perspectiva naquele contexto.

Algumas pessoas tendem a duvidar das motivações dos outros. Mais ainda, tendem a apresentar suas próprias motivações na melhor luz possível. Talvez digam, por exemplo, que querem "saber mais sobre os outros". Em geral todas as partes da questão sentem que partilham desse objetivo.

Outra técnica útil para as apresentações é pedir aos participantes que digam algo sobre si mesmos que não tem relação óbvia com a questão a ser discutida. Alguns exemplos disso são: um hobby, um apelido do tempo de criança, o número de irmãos, um ator ou cantor predileto, ou um atributo pessoal que em geral surpreende as pessoas. Esse exercício lembra às pessoas que cada um é um ser humano único e não apenas o membro de um grupo reunido em torno de um problema. Os facilitadores devem decidir quão pessoal ou peculiar será essa atividade. Por exemplo, num contexto corporativo tenso, talvez não seja produtivo pedir às pessoas que digam seu apelido de infância. Seja qual for a pergunta, é importante que seja a mesma para todos.

Regras básicas ou orientações

Uma técnica adicional para criar segurança e um bom ambiente para o diálogo envolve o estabelecimento de regras básicas logo depois das apresentações. As regras básicas – às vezes chamadas orientações para o diálogo – são um conjunto de padrões comportamentais e metas que o grupo concorda em seguir a fim de criar a melhor experiência possível para todos. As regras básicas são importantes por várias razões.

> Estabelecer regras básicas ajuda o grupo a identificar comportamentos que se deseja proteger.

Em primeiro lugar, elas servem para normatizar um processo pouco usual. O grupo concebe e chega a um consenso quanto ao conjunto de normas e orientações a serem adotadas no diálogo. Esse é um aspecto único do diálogo. Raramente as normas sociais são explicitadas ou aceitas através de consenso do grupo. Nos eventos esportivos, todos têm a expectativa de que os envolvidos obedeçam às regras, mas são outros que as criam e as fazem cumprir. Estabelecer conjuntamente as regras é algo que ajuda os participantes a escolherem conscientemente envolver-se no processo e decidirem quais comportamentos serão valorizados e protegidos.

Em segundo lugar, o ato de estabelecer em conjunto as regras passa a ideia de que todos do grupo são essencialmente iguais, ao menos no tocante à tarefa do grupo. Isso também é algo incomum pois na maioria das situações nas quais interagimos há algum grau de hierarquia e alguém tem autoridade sobre os outros. Uma vez que o diálogo se funda sobre a busca colaborativa pela verdade entre os participantes, é de vital importância que todos os envolvidos tenham igual oportunidade de participar plenamente no processo e ninguém seja visto como autoridade.

Em geral, há duas maneiras de estabelecer as regras básicas. Num contexto onde há limitação de tempo, uma abordagem seria listar as regras básicas e perguntar se as pessoas podem segui-las. É importante que cada pessoa tenha a oportunidade de modificá-las ou levantar suas preocupações a respeito das regras. Tenha cuidado para não presumir prematuramente que as pessoas concordaram com determinado conjunto de regras quando na verdade não o fizeram. Depois de oferecer ampla oportunidade de modificar as regras propostas, o facilitador pode verificar, através de uma consulta geral, se todos os participantes estão dispostos a se responsabilizar e a responsabilizar os outros pela adesão a essas regras básicas. Essa é a estratégia mais eficiente do ponto de vista de tempo e permite que o facilitador prossiga rapidamente para o diálogo.

> **Amostra de Regras Básicas**
>
> 1. **Reconhecer o poder da escuta profunda.** Escutar para compreender o ponto de vista do outro ao invés de se preparar para defender seu ponto de vista. Tentar escutar mais do que falar.
> 2. **Respeitar os outros e não se envolver em ofensas mútuas ou xingamentos.** As pessoas têm o direito de definir a si mesmas, mas não aos outros.
> 3. **Falar de experiências pessoais.** Comece suas frases com "eu" em vez de "você". "Eu vivenciei…".
> 4. **Minimizar interrupções e distrações.** Em geral, as pessoas deveriam poder terminar o que estão dizendo sem serem interrompidas por uma fala direta ou por conversas paralelas entre os participantes. Da mesma forma, as pessoas devem colocar os celulares no modo silencioso.
> 5. **Manter a confidencialidade.** Fora do grupo, os participantes podem discutir o conteúdo do que foi dito, mas não quem disse o quê.

Outra abordagem é instar o próprio grupo a produzir as regras básicas. Ao investir pensamento e energia no desenvolvimento de regras básicas, as pessoas terão mais probabilidade de aderir a elas. Mas esse processo pode tomar bastante tempo. Levar o grupo a criar as regras básicas pode ser uma maneira de conhecer seus medos e preocupações, bem como outras tendências do grupo.

Separamos as regras básicas daquelas que podem ajudar os grupos a ir mais fundo.

> **Regras básicas para ir mais fundo**
>
> 1. **Pergunte.** Faça perguntas honestas, que promovam reflexão e que deem às pessoas a oportunidade de explorar e explicar seus pressupostos.
> 2. **Aguente firme nos momentos difíceis.** Faça o compromisso de ficar no diálogo apesar das tensões.
> 3. **Vise a compreensão.** A meta do diálogo é aumentar a compreensão entre indivíduos. O objetivo não é resolver problemas ou concordar com tudo.
> 4. **Reconheça o terreno comum.** Qualquer dupla de pessoas tem algo em comum. Encontre esse algo!
> 5. **Sinta a dor, depois seja pedagógico.** Se alguém disser algo que te machuca, não se isole. Explique ao indivíduo e ao grupo por que aquilo o feriu.

Uma estratégia útil para alinhar o grupo em torno de regras básicas é perguntar: "Antes de avançarmos, será que todos podem concordar em manter o respeito e dar a oportunidade a todos de falar?" Dificilmente as pessoas dizem não, e esta pergunta dá a você e aos outros a capacidade de chamar a atenção quando alguém está sendo desrespeitoso e interrompendo. A concordância do grupo em relação a esse quesito potencialmente dá ao facilitador a permissão de apontar quando alguém está dominando a conversa.

Esclarecendo o papel do facilitador

Um facilitador orienta as pessoas ao longo do processo de diálogo. Facilitadores são especialistas no processo, mais do que especialistas no assunto a ser conversado. Eles mantêm o foco do diálogo, ajudam os participantes a considerar um amplo leque de pontos de vista, e resumem as discussões do grupo. Eles são modelos de escuta ativa e fala respeitosa.

O capítulo 6 explora em maior detalhe como facilitar o diálogo. Ao explicar o papel do facilitador para o grupo, alguns dos pontos mais importantes a esclarecer são:

- O facilitador ajuda o grupo a explorar similaridades e diferenças de opinião. Não promovem nem partilham suas próprias opiniões.
- O facilitador assegura que todos os participantes tenham oportunidade de contribuir para o diálogo.
- É do facilitador a responsabilidade básica de zelar pelo respeito às regras básicas, embora o grupo também partilhe dessa responsabilidade de modo coletivo.

FASE 2: PARTILHAR EXPERIÊNCIAS E PERCEPÇÕES

O segundo componente chave do planejamento do diálogo é a partilha de experiências. Muitas vezes as pessoas não reconhecem que cada um vivencia a vida de maneira única. No diálogo o aprendizado acontece pela exploração das semelhanças e diferenças entre as experiências das pessoas com diferentes históricos. Nas melhores circunstâncias, as pessoas enxergam que suas crenças a respeito da questão foram moldadas por suas experiências singulares, e que as compreensões e opiniões dos outros surgiram de experiências diferentes.

Aquecimento

O facilitador deveria ter um plano geral de como passar das apresentações para o assunto do diálogo. Antes de o grupo começar a explorar os aspectos difíceis da questão, costuma ser útil pedir às pessoas que partilhem alguma experiência correlata. Por exemplo, "Descreva uma situação na sua juventude em que você se sentiu deslocado". Tais perguntas funcionam bem no início do diálogo por uma série de razões. Em primeiro lugar, esse tipo de pergunta é pedagógica e evoca empatia pois as pessoas se conectam às experiências de vulnerabilidade. Em segundo, se o diálogo for constituído de pessoas "da patota" ou maiorias junto com pessoas "de fora" ou de minorias, talvez as pessoas de grupos minoritários nunca tenham pensado que alguém da maioria já se sentiu "de fora". Os membros do diálogo que são de uma minoria ou "de fora" reconhecem o status de maioria ou "da patota" dos outros, e muitas vezes pensam que o status de uma pessoa é algo fixo. As dinâmicas infantis mostram que a experiência de ser "de fora" é quase universal. É útil para os membros que se sentem "de fora" reconhecerem que todos podem, em alguma medida, se identificar com a posição de estar "de fora".

Foco na experiência pessoal

O facilitador precisa colocar uma pergunta neutra ou uma série de perguntas que levem os participantes a explorar suas experiências pessoais. Por exemplo, um diálogo sobre homossexualidade poderia começar com uma pergunta neutra: "Como você ficou sabendo da existência da homossexualidade?" Um diálogo sobre desenvolvimento comunitário poderia começar com uma pergunta como: "Conte uma história sobre uma época em que esta comunidade realmente funcionava bem para todos os seus membros".

O diálogo requer perguntas claras e abertas, que permitam que cada um dos participantes partilhe com os demais uma experiência pessoal que tenha relevância para o tema a ser trabalhado. As questões devem suscitar um conjunto de histórias que demonstrem a diversidade envolvida no tópico a ser trabalhado. É fundamental que as perguntas ajudem o grupo a respeitar a experiência pessoal de cada um como uma contribuição valiosa.

Do ponto de vista ideal, cada participante deve partilhar em certa profundidade suas **próprias** experiências. Os facilitadores precisarão lembrar as pessoas de não divagarem, entrando em especulações sobre o que os outros acreditam, ou generalizações que projetam nos outros sua própria experiência pessoal. O objetivo é ir além dos estereótipos. As perguntas que listamos a seguir são do tipo que mantém o foco das pessoas na sua própria história.

Obter o envolvimento de todos os participantes

As perguntas não devem privilegiar um grupo em detrimento de outro nem colocar o foco na experiência de uns poucos participantes. É importante que o facilitador mostre verdadeiro interesse por todas as pessoas e garanta que todas as experiências sejam ouvidas.

> **Amostra de perguntas para a partilha de experiências**
>
> - Como essa questão/conflito impactou você, pessoalmente?
> - Como você está conseguindo lidar com essa questão?
> - Qual a sua maior preocupação com essa questão neste momento?

Por exemplo, como uma primeira pergunta de um diálogo sobre relações raciais, questionar "O que seus pais te ensinaram sobre raça?" provavelmente seria mais útil do que perguntar "O que seus pais te ensinaram sobre discriminação racial?". A pergunta sobre discriminação racial pode incentivar o grupo que sofreu discriminação a partilhar suas histórias, mas pode inibir aqueles que não vivenciaram discriminação. O modo de colocar a pergunta em si sugere que certas pessoas na sala tiveram experiências que são mais reais ou relevantes do que de outros participantes.

Formular questões que deixem entrever um viés é algo que tem muitas consequências negativas para o grupo. Em primeiro lugar, reforça os estereótipos ao invés de ajudar as pessoas a pensarem mais além. Os membros do grupo que sentirem que suas experiências não são valorizadas podem deixar de participar, seja indo embora ou "ausentando-se" psicologicamente. Uma vez que isso aconteça, aqueles que decidem partilhar suas experiências podem sentir que foram "expostos" pelo processo, e, por sua vez, podem ressentir-se.

É evidente que tais dinâmicas podem se tornar destrutivas para os indivíduos e o grupo. Para maximizar o potencial do diálogo, cada membro do grupo deve sentir que tem algo precioso a contribuir.

A análise da partilha de experiências

Um dos riscos nesse estágio é que alguns dos participantes comecem a acrescentar análises e opiniões sobre o problema na hora em que estão contando sua experiência pessoal. Os facilitadores devem estimular os participantes a manter o foco na descrição de sua própria experiência e na escuta e perguntas sobre a experiência dos demais. No entanto, o facilitador não deve suprimir as discussões. Tais comentários são parte do processo de aprendizado de todos.

Se essa fase for bem trabalhada, os participantes perceberão como as experiências de vida modelam a percepção ou opiniões sobre o tópico a ser discutido. Alguns podem sentir resistência a essa ideia. Uns poucos irão culpar ou duvidar dos outros cujas experiências de vida levaram a opiniões diferentes das suas. Na fase 3 os participantes terão a oportunidade de explorar por que as pessoas têm experiências e percepções diferentes.

FASE 3: EXPLORAR A DIVERSIDADE E OS PONTOS EM COMUM

Depois que os participantes tiveram a oportunidade de partilhar suas experiências, o diálogo segue a fim de ajudá-los a identificar as condições subjacentes que dão conta de suas diferentes experiências e percepções. As pessoas tendem a ver sua própria perspectiva e experiências como "a verdade" e as perspectivas dos outros como "erradas". Na Fase 3 os participantes examinarão de forma coletiva "Por que nossas experiências e percepções são tão diferentes?".

Espera-se que a essa altura os participantes já tenham desenvolvido um certo vínculo emocional e estejam menos inclinados a descartar as perspectivas dos outros no tocante a tópicos controversos. Se o diálogo correu bem, os participantes ouviram perspectivas que não se encaixam facilmente em suas ideias preconcebidas e estão dispostos a cooperar para encontrar uma compreensão mais ampla da verdade.

O foco nesta fase é ajudar as pessoas a reexaminarem as experiências de todos num contexto mais amplo. Na Fase 2 a questão central era "Qual foi a sua experiência?"; na Fase 3 será "Que fatores nos levaram a ter experiências e perspectivas diferentes?".

Perguntas como as da amostra a seguir, ajudarão os participantes a reconhecerem diferenças e similaridades entre indivíduos e subgrupos dentro do diálogo. Elas nos conscientizam sobre o modo como as percepções das pessoas moldam sua interpretação da realidade. Os participantes exploram as influências que criam o problema e, idealmente, isto as ajuda a ver seu próprio papel no problema.

> **Amostra de perguntas para explorar a diversidade de experiências**
>
> - Como o conflito/questão está afetando sua comunidade?
> - Como o conflito afetou nosso modo de trabalhar juntos? Há tensões novas entre nós?
> - Qual é a ferida que nos impede de tratar dessa questão?
> - A que valores da nossa comunidade podemos recorrer a fim de tratar dessa questão?
> - Quais são as causas do conflito?
> - Qual o histórico do problema?
> - Entre nós há diferentes compreensões a respeito da história do problema?
> - Quais as três forças mais poderosas que estão pondo lenha na fogueira deste conflito/questão?

Caucus

Às vezes, pode ser útil nesta fase separar alguns participantes ou subgrupos com experiências semelhantes para uma entrevista individual, ou *caucus*. Os caucus podem ajudar os participantes a explorar em maior profundidade temas potencialmente sensíveis. Por exemplo, num diálogo de família, o facilitador pode falar separadamente com os filhos e com os pais para garantir que as crianças sejam empoderadas e consigam falar sobre suas experiências e necessidades. Num diálogo sobre questões raciais, o caucus pode ajudar os grupos a explorarem ideias, fatos e/ou comportamentos de modo seguro dentro de um grupo onde se sintam confortáveis antes de discuti-los com o "outro" grupo.

Ao discutir assuntos especialmente controversos, o caucus pode abrir um espaço para mais honestidade, e isso pode ajudar o diálogo a avançar. Por exemplo, no caucus utilizado dentro de um diálogo entre membros de uma igreja dividida, poderíamos pedir a cada subgrupo que elaborasse três perguntas que gostariam de perguntar ao outro grupo. A discussão em caucus pode ser resumida e resgatada no grupo grande para acelerar o progresso em relação a questões-chave.

Antes de explorar essas questões, tenha a certeza de que os participantes reconhecem as diversas experiências e perspectivas do grupo. Em alguns casos, as trocas na Fase 2 já terão deixado isso claro para todos. Em outros casos, o facilitador precisa dar destaque às semelhanças e diferenças entre as experiências dos participantes para que todos as tenham claro. Esse processo de levantar as semelhanças e diferenças dentro do grupo pode ajudar a passar da Fase 2 para a Fase 3.

Sugestão de perguntas para o caucus

- O que precisamos saber do ponto de vista oposto para resolver essa questão?
- Como o nosso grupo se beneficia e sofre em virtude do estado atual das coisas?

À medida que as pessoas vão pensando sobre a diversidade de narrativas da Fase 2, muitas vezes levantam a questão da **percepção**. Algumas pessoas ou grupos poderão sugerir que os outros estão paranoicos e, portanto, veem grosseria em situações nas quais poderia haver outra explicação para o comportamento das pessoas. Por outro lado, alguns argumentam que os outros grupos simplesmente "não entendem" e não conseguem ver dinâmicas óbvias.

O facilitador não precisa necessariamente resolver essas questões, mas sim cuidar do clima geral para que os participantes consigam trabalhar essas percepções e desenvolver uma compreensão comum sobre suas diferenças. O facilitador pode afirmar que as percepções em geral desempenham **algum papel** na formação de nossas experiências. A principal função do facilitador é ajudar a construir uma investigação justa e honesta sobre a questão.

Outra tarefa do facilitador é ajudar os participantes a se distanciarem um pouco da questão a fim de enxergar que nenhum deles criou o problema. O problema (na maioria dos casos) não foi criado pelas pessoas que integram o diálogo. Com maior probabilidade, foi criado por uma combinação de eventos históricos e ações institucionais, e foi sendo passado ao longo do tempo ou através de grupos. O facilitador talvez precise lembrar aos participantes esses fatores mais amplos que criaram diferentes experiências e percepções.

A tarefa final da Fase 3 é ajudar os participantes a enxergarem que, apesar de terem herdado o problema, eles podem escolher entre perpetuá-lo ou transformá-lo. O facilitador pode ajudar os participantes a identificarem a conexão entre suas próprias perspectivas e comportamentos e as forças que perpetuam o problema. Dessa forma, o diálogo sobressalta o fato de que cada participante é um agente de mudança.

O papel das pesquisas e estatísticas independentes
No diálogo sobre questões raciais em Richmond, começávamos os retiros de final de semana com apresentações factuais sobre as oportunidades educacionais, de emprego, habitacionais e de transporte disponíveis na cidade para negros, brancos, latinos e asiáticos. Essas estatísticas, geradas e apresentadas por um professor da universidade local, ajudaram os participantes do diálogo no reconhecimento das várias disparidades entre os grupos raciais do município. Os fatos ofereceram um ponto de partida para o diálogo.

Em alguns casos, entretanto, a apresentação dos fatos pode distrair as pessoas do foco no processo em si. Várias considerações podem ajudar a estabelecer os riscos e benefícios de apresentar estatísticas no processo de diálogo.

Benefícios de colocar o foco inicial em fatos
Dependendo da estratégia utilizada para convidar as pessoas a participarem do processo, alguns podem não conhecer muito sobre a questão a ser abordada, embora tenham decidido comparecer por terem sido convidados por alguém de sua confiança. Apresentar os fatos ajuda as pessoas a se conscientizarem sobre as questões em pauta.

Se os dados objetivos têm o potencial de desempenhar um papel importante nas trocas do grupo, pode ser muito benéfico criar um fundamento comum de conhecimentos desde o início. Isso diminui a probabilidade de as pessoas trazerem para o diálogo "fatos" inverídicos, o que levaria os outros a gastarem muita energia para discutir o que é, de fato, realidade.

Por exemplo, num diálogo sobre relacionamento entre muçulmanos e cristãos, pode ser útil começar convidando vários palestrantes a apresentarem uma revisão objetiva sobre as diversas vertentes dentro do cristianismo e do islamismo. Esta síntese factual oferece a oportunidade para pessoas com diferentes experiências da fé alheia de reconhecerem que vivenciaram apenas uma faceta da religião do outro, ou que conhecem apenas alguns dos ensinamentos.

Nas discussões sobre relações raciais, a dinâmica central é "O quanto diminuiu a discriminação desde os tempos da escravidão?". Resultados de pesquisas de grande escala realizadas por órgãos federais sobre a prevalência de discriminação habitacional podem ser relevantes. Da mesma forma, estudos longitudinais mostrando a diminuição das atitudes racistas pode ser relevante em uma discussão dessa natureza.

> Os fatos podem ser uma surpresa, que cria união entre os participantes.

Além disso, fatos pouco conhecidos porém importantes podem criar uma experiência comum de surpresa para todos os participantes, criando união entre eles.

Estratégias para apresentar os fatos

Os facilitadores podem apresentar os dados na parte inicial do processo dialógico utilizando várias estratégias. Cada uma tem diferentes implicações para o diálogo. Alguns escolhem fazer uma combinação de mais de uma das estratégias a seguir:

    a. **Planilha de dados ou Adivinhações.** Uma planilha com resultados de pesquisa ou uma série de adivinhações do tipo falso/verdadeiro podem ser apresentadas e revistas com relativa rapidez. As planilhas são especialmente úteis para fatos incontestáveis que podem desempenhar um papel importante no diálogo como um todo.

Por exemplo, em Memphis, Tennessee, no diálogo comunitário sobre o crescimento da obesidade infantil, os facilitadores distribuíram uma planilha demonstrando a prevalência da obesidade na adolescência, o relacionamento entre alimento e exercício, as tendências recentes da indústria alimentícia, as tendências nas escolas e os fatores ambientais. Uma lista de fatos surpreendentes sobre o assunto também deu aos participantes uma experiência de terem algo em comum.[11]

b. **Audiovisuais**. Um vídeo curto também pode desempenhar função importante. No diálogo em Memphis sobre obesidade, os facilitadores usaram um pequeno filme mostrando um adolescente refletindo sobre sua luta para perder peso. O vídeo expunha a dolorosa dinâmica social da obesidade e criou uma experiência tocante do ponto de vista emocional, que uniu os participantes. Nos diálogos de grande escala com orçamento generoso, às vezes os organizadores dedicam recursos à produção de audiovisuais para apresentar o assunto.

c. **Apresentação presencial**. Líderes com reconhecida autoridade ou especialistas podem apresentar os dados através de apresentações. Os diálogos de Richmond sobre a questão racial começavam com uma apresentação em PowerPoint de 40 minutos, criada por um estudioso da cidade que havia realizado uma ampla pesquisa sobre o modo como as questões jurisdicionais contribuíram para a divisão racial e econômica no município. Em Fiji, os processos de diálogo incluíam apresentações por líderes religiosos cristãos, hindus e muçulmanos, que enfatizavam os ensinamentos religiosos sobre paz comuns a todas essas tradições.

Os riscos de começar chamando atenção para "os fatos"
A apresentação de fatos pode distrair os participantes do foco no processo dialógico em si. Alguns membros do grupo voltarão sua atenção para a contestação dos fatos apresentados, especialmente se forem controversos. Alguns podem começar a duvidar de que o processo dialógico está realmente acontecendo num ambiente neutro, ou desconfiar de que seu relato dos fatos relevantes evidencia certo viés dos organizadores ou do facilitador. Se você decidir utilizar uma apresentação de dados ou fatos, faça-o de forma a não suscitar desconfiança ou preocupações nos participantes mais céticos.

Se a apresentação dos fatos for feita de modo vivencial – por exemplo, através de um filme – o grupo poderá se desviar e começar a falar sobre a experiência de assistir ao filme, em vez de falar sobre as questões que o filme salienta. Esta é outra distração que pode ser criada para o grupo cujo objetivo é explorar suas próprias experiências e perspectivas. Se isso acontecer, o facilitador deve conduzir a atenção do grupo novamente para o assunto fundamental do diálogo.

> Esteja atento para apresentar os fatos sem viés.

A apresentação não deve levar nenhum dos participantes a se sentir atacado ou na defensiva, pois isto gera resistência pouco produtiva. Esta preocupação é especialmente relevante nos casos em que o diálogo aborda questões históricas de conflito entre grupos. Parte do objetivo do diálogo é ajudar as pessoas a superarem a tendência em pensar nos outros grupos como causa das tensões em curso, e a avançarem para a responsabilidade partilhada.

Por fim, alguns participantes do grupo podem interpretar o fato de o foco inicial ter sido colocado nos dados objetivos como sinal de que o que importa no diálogo é uma adequada análise dos fatos. A colocação dos fatos nos estágios iniciais do diálogo dificulta o processo de reestabelecer o foco na experiência pessoal dos participantes como fonte importante de aprendizado.

Um lembrete sobre conceitos-chave

Assim como é importante atentar para o modo como se apresentam os fatos num diálogo, é também importante pensar muito bem em como utilizar os conceitos-chave. Pode ser controverso definir conceitos como "racismo", "obesidade" ou "homossexualidade". Se o plano de diálogo ou de facilitação requerem uma definição comum de conceitos-chave, o diálogo pode ser desviado pela discussão para chegar a essa definição. Um folheto impresso com um conjunto de definições dadas por vários estudiosos do assunto ou pessoas conhecidas pode ajudar a demonstrar consenso ou diversidade de opiniões. Os facilitadores podem pedir aos membros do grupo para escolherem uma definição que é aceitável para todos.

Registro e retorno

O diálogo permite acesso ao insight de muitas pessoas. É importante encontrar um modo discreto de recolher essas informações para identificar os temas mais importantes que ajudam a produzir um sentido de terreno comum e de diversidade de opiniões. Anotações sobre as diferentes fases do diálogo podem ser feitas em folhas grandes de papel num quadro na frente da sala. Os planejadores do diálogo devem decidir com antecedência quais serão os momentos apropriados para registrar publicamente o diálogo, e quais os momentos em que isto poderia distrair o grupo e dificultar a escuta mútua.

A tarefa de coletar informações é especialmente desafiadora nos diálogos de grande escala, pois o registro leva bastante tempo. AmericaSpeaks usa as modernas tecnologias para esse processo, sendo que cada subgrupo ou mesa de diálogo envia as informações de um computador portátil para um banco de dados central onde são depuradas. Os temas básicos do diálogo são transmitidos por uma rede sem fio para uma "equipe temática", que identifica os pontos principais de consenso entre os participantes. O grupo inteiro recebe esse retorno através de grandes telas de vídeo, e cada participante usa um teclado para votar nos temas ou opções de ação que lhe parecem mais importantes.

Há métodos menos dependentes de tecnologia. Por exemplo, os subgrupos podem chegar a um consenso sobre algumas percepções principais ou conclusões de uma conversação, e submeter estas a alguém (talvez o facilitador principal) que identificará os pontos em comum para todo o grupo.

FASE 4 – EXPLORAR POSSIBILIDADES DE AÇÃO

Do ponto de vista ideal, o processo de diálogo dispõe as pessoas a partirem da conversa para a ação. A fase final do diálogo explora justamente as possibilidades de ação. Alguns grupos podem decidir expressar compromissos pessoais ou coletivos que assumem para resolver as questões. Se o diálogo atingiu seu potencial de transformação, as pessoas se sentem energizadas e motivadas a operar mudanças. Às vezes dão início a projetos ou fazem planos de cooperação. Construir relacionamentos entre pessoas de lados opostos e aumentar a compreensão quanto à situação ajuda as pessoas a enxergarem o que precisa ser feito para tratar da questão e encontrarem maneiras de cooperar.

Dependendo do propósito do diálogo e da dinâmica interna do grupo, o foco em partir para a ação pode ser uma parte relativamente rápida do processo, talvez uma sessão ou algumas sessões. Independente disso, é importante ajudar os participantes a reconhecerem que têm algum potencial para influenciar e mudar a situação ou tratar da questão.

À medida que o diálogo desacelera, os participantes muitas vezes sentem o valor de refletir sobre o processo e partilhar o que aprenderam. Mesmo nos diálogos mais contenciosos, a maioria relata um efeito positivo. Talvez os facilitadores possam buscar de maneira explícita respostas positivas perguntando "Mencione uma ou duas coisas positivas que você tirou deste processo".

Por fim, na última fase, os participantes muitas vezes desejam expressar sua apreciação uns pelos outros. Em muitos casos isto acontece naturalmente, sem incentivo do facilitador. Mas criar tal oportunidade – sem exigir mais do que as pessoas espontaneamente desejam fazer – ajuda a produzir um sentido de fechamento.

Amostra de perguntas para planejamento de ações

- O que devemos fazer a respeito dessa questão, agora que construímos relacionamentos mútuos, partilhamos experiências e aprofundamos nossa compreensão dos problemas?

- O que podemos fazer individualmente e como comunidade para aprimorar os relacionamentos entre nós e tratar das necessidades de nossa comunidade?

- Dentre todas as ideias partilhadas, quais são as que parecem mais práticas para implementarmos juntos?

- Quais os recursos de que já dispomos e que podem nos ser úteis?
- Se existirem políticas em vigor para essa questão, o que pensamos delas? (Os facilitadores podem distribuir um impresso com três a cinco opções de políticas públicas disponíveis para tratar da questão.)
- Quais dessas políticas você acredita que atenderão às necessidades de todos os envolvidos?
- Que outras opções podemos sugerir, pensando juntos?

6

COMO FACILITAR O DIÁLOGO

O papel do facilitador pode ser o elemento mais importante do diálogo. De fato, muitas vezes um facilitador hábil poderá criar um diálogo eficaz mesmo quando outros elementos importantes estão ausentes. A escolha do facilitador é vital.

"Líderes naturais" ou pessoas que desempenham importantes papéis de liderança em outras atividades podem servir como excelentes candidatos a facilitador, mas nem sempre. Este capítulo discute as habilidades dos facilitadores e explora as características que os distinguem de outros tipos de líderes.

HABILIDADES E TAREFAS-CHAVE DOS FACILITADORES

A facilitação é uma competência aprendida, e muitas pessoas podem se tornar razoavelmente proficientes. A seguir estão algumas das tarefas exigidas de um facilitador eficaz.

Determine o propósito do diálogo

Todos na sala devem compreender claramente o propósito e foco do diálogo. Escreva isto e verbalize. Verifique se os participantes compreenderam e pergunte se eles têm alguma dúvida.

Fomente o diálogo

Lembre aos participantes a diferença entre diálogo e debate. Ajude-os a entender a importância de escutar profundamente e falar com respeito e honestidade, e como isso difere do modo com que usualmente conversamos com os outros.

Gerencie a agenda e guie o processo

Seja tão confiante quanto possível para que os participantes sintam que você sabe como conduzir o processo. Mantenha o foco da discussão, e mantenha seu foco no processo. Faça perguntas abertas que explorem a complexidade da questão.

Desenvolva as regras básicas

Explique as regras básicas ou peça ao grupo para construí-las. Pergunte aos participantes se concordam com as regras, e convide todos a monitorar se estão sendo seguidas. Quando as regras básicas forem desobedecidas, faça lembretes gentis porém firmes.

Escute ativamente

Demonstre habilidades verbais e não verbais de escuta para mostrar que você compreendeu o que as pessoas estão dizendo.

Monitore a dinâmica grupal

Preste atenção para ter certeza de que todos tenham a oportunidade de falar, e para que ninguém domine a conversa. Dirija-se aos participantes que parecem quietos ou fechados. Pergunte como estão se sentindo. Relembre aos participantes que convém "partilhar", assim todos se sentem responsáveis por monitorar a dinâmica do grupo.

Mostre interesse na perspectiva de todos

Ajude a fazer aflorar visões que não estão representadas. Os participantes do diálogo devem sentir que o facilitador está verdadeiramente interessado em compreender suas experiências e ideias.

Ajude a lidar com participantes difíceis

Não permita que disputas isoladas dominem o diálogo. Prepare-se para participantes que falam demais, se recusam a participar, ou quebram o ambiente de diálogo. Responda à situação com confiança e elegância.

Use resumo e paráfrase

Ajude as pessoas a sentirem que sua experiência e ideias singulares são ouvidas e compreendidas, resumindo e/ou parafraseando o que elas dizem. Essa habilidade também é útil no caso de participantes que não param de falar e já se perderam em relação à sua mensagem principal.

Seja imparcial

Para conquistar e manter a confiança de todos, o facilitador deve ser muito cuidadoso ao partilhar sua própria experiência, e em geral se abstém de expressar suas crenças relevantes à questão que está sendo discutida. O papel do facilitador é ajudar os participantes no embate com similaridades e diferenças entre as visões que eles expressam.

Seja o modelo do comportamento que espera dos participantes

O facilitador deve ser modelo de escuta profunda, fala respeitosa e honesta, e de outras regras básicas, a todo momento, através de suas palavras e linguagem corporal.

Encerre com um resumo
Faça um sumário da discussão e ajude o grupo a manter o foco em falar concretamente sobre os próximos passos que desejam dar, individual e coletivamente.

HABILIDADES E TAREFAS AVANÇADAS
Algumas habilidades e tarefas do facilitador – naturais ou adquiridas – são importantes para conduzir diálogos altamente eficazes.

Os facilitadores inspiram confiança em sua liderança
No diálogo é preciso que o facilitador conduza o processo e decida para onde deve ir a conversa. Em boa parte do tempo, se não na maior parte, os participantes estão tão envolvidos com as trocas que perdem a noção do fluxo mais geral do processo dialógico. Nas ocasiões em que a atenção do grupo recai sobre o processo em si, é importante que o facilitador não pareça incapaz de tomar decisões. O grupo deve sentir que pode confiar nas decisões do facilitador, e que ele próprio tem confiança em seu discernimento.

Um carisma natural para inspirar confiança nos outros é útil ao papel de facilitador, que é o líder dessa jornada. Ele ou ela precisará tomar decisões constantemente sobre os tópicos que são importantes para explorar e os que não são. Uma personalidade que inspire confiança certamente ajuda a criar uma atmosfera que as pessoas percebem como segura e produtiva.

Os facilitadores são bons em multitarefas
Os facilitadores precisam dar conta de muitos e diferentes objetivos ao mesmo tempo. Por exemplo, um participante

articulado mas prolixo muitas vezes traz conteúdo importante para a discussão. Mas, para que o grupo se beneficie de sua contribuição, o facilitador deve discernir o valor relativo do que esse participante está falando, o nível de tédio/interesse por essas ideias por parte dos outros, quantas pessoas ainda precisam falar, e quanto tempo resta para o final da sessão.

Os facilitadores veem a situação por muitos pontos de vista

Muitos facilitadores se envolvem com o diálogo como parte de seu compromisso com princípios mais amplos, como justiça, paz e democracia. Em alguns casos, os facilitadores competentes têm um viés inconsciente (ou mesmo consciente) contra participantes com maior poder político, econômico ou social. Os facilitadores devem fazer muita autorreflexão para processar seus próprios preconceitos antes de facilitar um diálogo no qual seu viés possa afetar sua habilidade de gerenciar o processo. Os facilitadores devem conseguir ter empatia com a experiência de todos os participantes. A capacidade de compreender todos os pontos de vista é essencial.

Os facilitadores se mantêm calmos e envolvidos

Um teste do nível de habilidade do facilitador é o modo como ele ou ela reage a uma manifestação emocional forte dentro do grupo. Pode ser raiva, choro, grosseria, frustração ou qualquer outra emoção intensa. Nessas condições, a tarefa básica do facilitador é manter o foco do grupo apesar da atmosfera carregada. Pode ser muito difícil fazer isso, especialmente se as emoções forem dirigidas ao facilitador. Manter a calma em meio à ansiedade ou tensão exige muita prática e força interior. Um facilitador sábio se mantém emocionalmente presente e envolvido enquanto reflete sobre o que é melhor para o grupo – em vez de formular uma defesa ou tentar pôr fim à manifestação emocional.

Os facilitadores fazem perguntas instigantes
Um facilitador muito hábil utiliza o plano de diálogo como guia, mas de maneira espontânea dirige ao grupo perguntas que ajudam o diálogo a avançar e chegar a níveis mais profundos de análise sincera. A habilidade de improvisar e gerar perguntas que auxiliam o grupo a enxergar seus pontos em comum ou discordâncias é importante. (Veja o Capítulo 5 onde são sugeridas perguntas possíveis.)

Os facilitadores se conectam com as pessoas
Uma última qualidade importante dos exímios facilitadores é a habilidade de se ligarem emocionalmente com os participantes e continuamente convidá-los a manter seu engajamento no processo. Um facilitador muito hábil passa a mensagem de que compreende como o participante vê a questão, e de que todos do grupo podem aprender mais uns com os outros ao permanecerem no processo dialógico. O desafio para o facilitador é manter seu engajamento enquanto os participantes aprendem e se transformam no seu próprio ritmo – mas sem parecer mais esperto ou mais envolvido do que os participantes. O facilitador relembra aos participantes de que estão todos no caminho para compreender melhor, e que o facilitador está apenas meio passo adiante.

DIFERENÇAS ENTRE FACILITADORES E OUTROS LÍDERES

A maioria dos líderes e facilitadores naturais partilham algumas habilidades importantes, mas nem todos os líderes eficazes se tornam bons facilitadores.

Professores e treinadores podem cair na tentação de enxergar seu papel como o de fomentar crescimento e desenvolvimento através da transmissão de seus conhecimentos ao grupo. Por outro lado, o facilitador eficaz reconhece que o grupo deve chegar às suas próprias conclusões com base nas trocas entre os participantes.

Bons líderes de reuniões se atêm a uma agenda bem definida. Contudo, o facilitador eficaz deve manter o foco no propósito geral de aprendizado, em vez de cumprir os itens de uma agenda.

Bons oradores podem ser tentados a usar de seus dons de retórica para convencer as pessoas a adotarem seu próprio ponto de vista. Bons facilitadores ajudam as pessoas a compreender todos os pontos de vista, inclusive o seu próprio.

7

PASSANDO DO DIÁLOGO PARA A AÇÃO

O diálogo é útil para coletar informações, analisar, construir relacionamentos e tomar decisões. É também uma metodologia para promover transformações sociais.

Embora idealmente o diálogo leve à ação, organizadores e facilitadores não podem comandar a ação. O objetivo do diálogo é criar maior compreensão, que por sua vez poderá motivar os participantes a tomarem medidas, pessoal e coletivamente. É importante que os participantes "comprem" por si mesmos a ideia de agir, ao invés de se sentirem moralmente coibidos a fazê-lo.

Embora planejadores e facilitadores de diálogo não possam determinar de início que o diálogo deve terminar em ação, podem criar espaço para que isso aconteça. O presente capítulo explora o modo de maximizar a possibilidade de que o processo dialógico seja bem-sucedido e caminhe para mudanças concretas.

A questão dos testes padronizados nas escolas é um bom exemplo de como o diálogo pode levar a ações que trazem mudanças sociais. Para os alunos imigrantes e seus pais, os testes padronizados das escolas (concebidos para crianças cujo inglês é sua língua materna) talvez não reflitam com precisão o verdadeiro nível de inteligência ou compreensão.

Se os alunos e suas famílias estão isolados e não conhecem outras famílias de imigrantes, talvez vejam isso como um problema individual ao invés de uma questão comunitária (veja o quadro Níveis de Mudança Social). Se uma escola decide realizar um diálogo sobre os alunos imigrantes e os testes escolares, as pessoas reconhecerão padrões coletivos e problemas comuns com essa metodologia de avaliação. As comunidades estão aninhadas em estruturas maiores, estaduais e nacionais, e as políticas destas estruturas afetam o financiamento escolar e os métodos de avaliação.

Como e quando o diálogo se transforma em mudanças estruturais? Qual é o ponto de "virada" para transformar uma questão?[12] É preciso ter uma massa crítica participando de um processo dialógico para poder construir relacionamentos entre pessoas dos dois lados do conflito e compreender mais a fundo as implicações da questão? Ou será necessário envolver no diálogo os líderes chaves da comunidade? Que outras ferramentas são necessárias além do diálogo, para promover mudanças sociais? Segundo um velho ditado: "Se a única ferramenta que você tem é um martelo, tudo parece um prego". O mesmo vale para o diálogo. Ele talvez não seja a ferramenta mais apropriada. Mas na maioria dos casos é uma primeira ferramenta ideal.

Níveis de Mudança Social

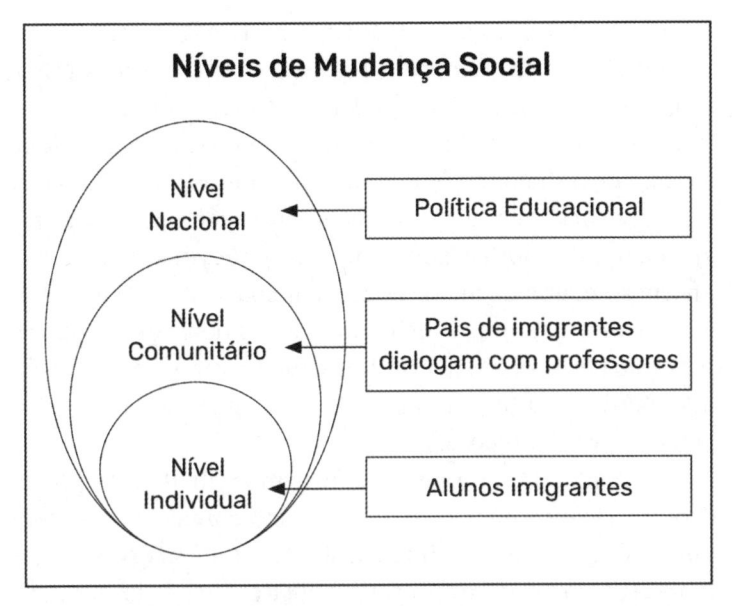

- Nível Nacional ← Política Educacional
- Nível Comunitário ← Pais de imigrantes dialogam com professores
- Nível Individual ← Alunos imigrantes

Desenvolvido por Marie Dugan e adaptado com permissão de John Paul Lederach em "From Issues to Systems" in *Mediation and Facilitation Manual* (Mennonite Conciliation Services, 2000).

Tanto Mahatma Gandhi como Martin Luther King ensinaram que a primeira tentativa deve ser o diálogo, antes de tentarmos outras estratégias. Quando Gandhi se decidiu a acabar com o colonialismo britânico, convidou e envolveu-se em diálogo com os ingleses sempre que pôde. Mas também entendia que, em muitos pontos ao longo do caminho, os representantes da Grã-Bretanha não estavam interessados no verdadeiro diálogo, mas em geral queriam apenas convencê-lo a não buscar as mudanças. Entretanto Gandhi foi fiel a seus princípios. Pressionou por mudanças através de uma ampla gama de táticas e estratégias não violentas, porém aproveitava todas as oportunidades para envolver-se em diálogo com seus opositores.

EQUILÍBRIO DE PODER E CONSCIENTIZAÇÃO

O diálogo nem sempre é possível, ou mesmo produtivo, se há um desequilíbrio de poder e se houver pouca consciência do conflito. Algumas pessoas com vantagem política podem ver o diálogo como oportunidade para atravessar a linha divisória e trazer pessoas do outro lado para aderir à agenda política do seu lado. Muitas vezes as pessoas que pertencem ao grupo de maior poder têm pouco interesse em um encontro com membros do grupo menos poderoso. Aqueles que estão em desvantagem política podem ver o diálogo como algo passivo, ou mesmo algo que os distrai do verdadeiro trabalho por mudanças.

Em Nashville, Tennessee, nos anos 1960, estudantes afro-americanos não conseguiam marcar uma reunião com o prefeito para discutir integração racial. Primeiro os estudantes tiveram que equilibrar o poder entre líderes brancos e a comunidade negra. Os estudantes negros aumentaram seu poder aprendendo sobre métodos de ação não violenta, organizando e realizando *sit-ins*, passeatas, e boicotes a lojas que promoviam a segregação racial. Essas ações chamaram a atenção da mídia, ganharam simpatia da opinião pública, e pressionaram os líderes brancos a fazer algo quanto aos boicotes que afetavam os negócios dos brancos. As ações não violentas abriram a porta para um diálogo bem-sucedido entre a juventude negra e os líderes municipais, que levou à dessegregação.

O diagrama seguinte ilustra a maior eficácia dos métodos como o diálogo na contribuição à mudança social se o poder estiver mais ou menos equilibrado entre os dois grupos. O diálogo é mais produtivo se os participantes de todos os lados de um conflito estiverem empenhados em compreender melhor os problemas. Como se vê no diagrama, quando o poder está desequilibrado e há pouca consciência do problema, talvez seja importante conscientizar a opinião pública e demonstrar poder coletivo através de petições, passeatas ou outro tipo de ação simbólica. Ativismo estratégico e persistente – especialmente aquele que não coloca a questão em termos de um conjunto específico de vilões – pode aumentar em todos os grupos a vontade de participar do diálogo.

Progressão da Mudança Social

Poder Equilibrado ↑

Mudança Social (novas políticas, relacionamentos, estruturas, etc.)

Diálogo

Ativismo e Defesa de Direitos através de campanhas midiáticas, protestos, vigílias, etc.

Poder Desequilibrado

Pouca Consciência → Muita Consciência

- de nosso próprio papel no conflito
- das necessidades do outro grupo
- das raízes do conflito

Adaptado com permissão de Adam Curle, *Making Peace* (London: Tavistock Press, 1971).

MAIS PESSOAS E PESSOAS CHAVES

Um projeto de pesquisa que investigou a eficácia do diálogo, chamado Reflecting on Peace Project, comparou quatro diferentes abordagens para promover mudanças sociais: [13]

A abordagem **mais pessoas** visa envolver um grande número de participantes no processo a fim de tratar do problema. O amplo envolvimento do "povo" é visto como algo necessário para promover mudanças.

A abordagem **pessoas chaves** visa envolver certos líderes importantes ou grupos de pessoas que são vistos como formadores de opinião capazes de influenciar a mudança de uma situação.

A abordagem de **nível individual** busca modificar atitudes, valores, percepções ou circunstâncias individuais como um primeiro passo importante para viabilizar mudanças sociais reais e duradouras.

A abordagem de **nível estrutural** visa mais diretamente mudanças sociopolíticas ou das estruturas institucionais. Esses programas tratam das desavenças que colocam lenha na fogueira do conflito, e de institucionalizar os métodos não violentos de lidar com conflitos na sociedade.

Os pesquisadores descobriram que os projetos (inclusive processos dialógicos) que visam mudança no nível individual e que não se traduzem em ações sobre o nível estrutural **têm pouco efeito perceptível** no sentido de tratar das questões políticas e sociais mais amplas que procuram mudar.

Além disso, o estudo demonstrou que abordagens baseadas na inclusão de maior quantidade de pessoas, mas não necessariamente líderes ou grupos, não conseguiram tratar construtivamente os problemas sociais. Por outro lado, a pesquisa descobriu que as estratégias que se concentraram apenas em pessoas chaves sem incluir outros foram igualmente ineficazes.[14]

Se os programas se limitam a utilizar apenas uma estratégia, é improvável que promovam mudanças sociais. Programas que intencionalmente ligam esforços individuais a esforços estruturais, ou que incluem pessoas chaves e também um bom número de pessoas, têm maior probabilidade de operar tais mudanças.

Os planejadores de processos dialógicos podem avaliar como incluir mais pessoas e pessoas chaves, e intencionalmente planejar como a mudança individual pode impactar o nível estrutural.

DO DIÁLOGO PARA A AÇÃO

Do ponto de vista ideal, o processo deve criar espaço para que as pessoas construam relacionamentos e desenvolvam novas redes que ampliem sua visão e o desejo de realizar ações coletivas. O Capítulo 5 sugere algumas perguntas que ajudam as pessoas a compreenderem o que podem fazer pessoal e coletivamente.

É importante abrir suficiente tempo e espaço na agenda do diálogo para essa fase. Se as pessoas sentirem que a última fase de planejamento para ação é um apêndice, ou algo que precisam terminar depois de um dia longo, é menos provável que esta fase leve a ações eficazes.

Como avaliar a eficácia do diálogo

Pessoas e organizações que utilizam o diálogo muitas vezes deixam de gastar energia e recursos para avaliar a eficácia do processo. Isso tem mudado, pois fundações e outras entidades exigem que os candidatos a patrocínio justifiquem seus pedidos. Alguns veem o diálogo como uma atividade que não se traduz em mudanças institucionais/estruturais. Por isso, é importante fazer avaliações, mesmo que relativamente simples, que demonstrem o impacto do diálogo em pessoas, grupos e estruturas.

DIMENSÕES A SEREM AVALIADAS

A seguir os leitores encontrarão uma estrutura em cinco partes para avaliar o diálogo. Nela, as intervenções sociais como o diálogo agem afetando os participantes em uma ou mais dessas cinco dimensões: **conhecimento, consciência, motivação, habilidades** e **ligação com os outros**.

Conhecimento

Qual e quanto conhecimento novo o participante adquiriu através do diálogo? Este aspecto diz respeito ao conhecimento que o participante tem sobre fatos e conceitos importantes relacionados ao problema. Se os planejadores do diálogo usaram planilhas, apresentações ou audiovisuais para apresentar os fatos, pode ser possível avaliar o aumento do conhecimento factual. Tais fatos e conceitos podem incluir distinções chaves, taxas de prevalência, ou impactos do problema sobre grupos diversos. O conhecimento sobre os fatos pode ser medido por pesquisas sobre as causas e dinâmicas dos problemas e assuntos discutidos.

Consciência

Essa dimensão diz respeito à forma como os participantes percebem a relação entre seu próprio comportamento e a questão que está sendo discutida. A inteligência emocional tem sido valorizada tanto quanto ou até mais que o conhecimento dos fatos. Ampliar a conscientização dos participantes sobre seu papel na questão que se discute, e sua percepção de que podem afetar as mudanças individual ou coletivamente, é um impacto do diálogo que pode ser medido. A mudança no nível de consciência pode ser medida pedindo aos participantes que identifiquem seu papel na questão antes e depois do diálogo.

Motivação

Essa dimensão diz respeito ao grau em que os participantes se sentem inclinados a partir para ação – sozinhos ou com outros – para resolver o problema. A motivação pode ser medida identificando-se o número de pessoas que tomaram medidas individuais ou coletivas como resultado do diálogo e, se possível, os tipos de ação e seus impactos.

Habilidades

Os participantes do diálogo talvez aprendam ou aprimorem várias habilidades ao longo do processo. Sua comunicação pode melhorar pela prática da escuta respeitosa e atenta, pelo aprendizado da empatia, de falar de modo diplomático, honesto e assertivo. Talvez cresça também a capacidade de resolução de problemas. Os participantes poderão desenvolver ideias concretas sobre o que podem fazer para promover mudanças em dada situação. As habilidades podem ser medidas pedindo às pessoas para avaliarem o crescimento de suas habilidades pessoais de comunicação e resolução de problemas.

Ligação com os outros

Esta dimensão diz respeito à quantidade e qualidade dos relacionamentos entre as pessoas no diálogo. Nas sociedades modernas, as conexões significativas tendem a diminuir; mas, idealmente, o processo do diálogo aumenta a rede de relacionamentos pessoais. Ação eficaz para resolver problemas exige cooperação coletiva. As ligações com outros podem ser medidas pedindo que as pessoas relatem se tiveram aumento de volume de e-mails, telefonemas ou contatos pessoais após o diálogo, ou se estão engajados em algum esforço grupal por mudanças.

ESTRATÉGIAS DE COLETA DE DADOS

De modo geral, as metodologias de coleta de dados recaem em duas categorias: processos qualitativos, como **entrevistas**; e ferramentas quantitativas, como **pesquisas**.

Entrevistas

As estratégias baseadas em entrevistas são, muitas vezes, a escolha mais apropriada para avaliar o impacto do diálogo. No entanto, medir esse impacto é algo desafiador. Nem sempre há como observar de modo confiável e avaliar mudanças internas na perspectiva dos participantes, ou o modo como se sentem.

Uma das dificuldades no uso das entrevistas é que o diálogo muitas vezes tem um efeito retardado. Muitas pessoas relatam que não chegaram a perceber o quanto sua visão mudou senão algum tempo depois do diálogo. Por outro lado, a disponibilidade de participar de uma entrevista diminui rapidamente depois que o diálogo termina.

Pesquisas
Outra grande estratégia para avaliar o impacto do diálogo envolve aplicar uma pesquisa aos participantes. Alguns dos dilemas pertinentes às entrevistas aparecem também nas pesquisas. Por exemplo, o momento ideal para avaliar o maior número de respostas é no final da última sessão, antes que as pessoas deixem a sala. No entanto, respostas obtidas 30, 60 ou 90 dias depois do diálogo dão melhor indicação dos efeitos em longo prazo que o processo tem nos participantes. Outro desafio nas pesquisas colhidas logo no final do diálogo é que não se consegue avaliar o efeito sobre a ação ou o comportamento das pessoas com relação ao problema.

As duas estratégias, de entrevista e pesquisa, podem ser combinadas. Uma possibilidade é usar diferentes ferramentas para coletar dados em prazos diferentes. Por exemplo, é possível realizar entrevistas ou pesquisas no final do diálogo e também tentar reunir dados sobre a experiência dos participantes em algum prazo depois do final do processo dialógico.

É importante medir com exatidão a disposição das pessoas em participar de qualquer avaliação. Os participantes poderão ter a percepção de que as avaliações beneficiariam principalmente os organizadores ou facilitadores e, nesse caso, concederão tempo e energia limitados a qualquer processo de reflexão. Portanto, pondere com cuidado qual a quantidade de informação que você precisa para seus propósitos. Não faz sentido incomodar os participantes com avaliações longas se essas informações não serão utilizadas.

9

DIÁLOGO PARA O SÉCULO 21

O mundo está se tornando um lugar menor. À medida que pessoas e sociedades em lugares longínquos vão ficando mais interconectas devido à imigração, comércio, viagens e tecnologia, aquilo que acontece em um país, região ou população muitas vezes afeta os outros. Essa realidade crescente da globalização nos apresenta um novo conjunto de desafios para o século 21.

Por exemplo, os esforços para combater a mudança climática global devem olhar para os padrões de consumo energético em países com diferentes culturas, níveis de desenvolvimento, economias e vulnerabilidades ao problema. A decisão de perfurar novos poços de petróleo na China afetarão o preço da gasolina em cidades norte-americanas. Doenças letais de um país podem se espalhar via aviões para inúmeras cidades em todo o mundo. Alto índice de desemprego, criminalidade e violência em uma região pode gerar movimentos terroristas que ameaçam a população de outras áreas.

À medida que o mundo encolhe em virtude da interdependência global, mais e mais pessoas vivenciarão a diversidade cultural de modo novo, incluindo os casamentos inter-raciais e a imigração. Com isso, muitas vezes vemos uma expectativa aumentada de inclusão de vozes minoritárias nos processos de tomada de decisão.

Nesse novo século, uma ampla capacidade de diálogo é essencial. Ele é especialmente adequado para acomodar a difícil tarefa de incluir um número crescente de interessados nos processos de tomada de decisão. O diálogo pode ampliar a compreensão sobre os valores dos outros povos, suas religiões e identidades culturais, experiências de vida e perspectivas. O diálogo pode ajudar cidadãos e líderes políticos a criarem o maior número de "ganhadores" e o menor número de "perdedores" através do desenvolvimento de uma compreensão mais profunda das experiências e necessidades de pessoas diferentes. E pode arregimentar a criatividade de pessoas que trabalham juntas para encontrar as soluções mais aceitáveis para todos os interessados.

No nível global, o diálogo precisa substituir a diplomacia coercitiva dos líderes políticos, se é que estes desejam tratar das causas que são a raiz dos conflitos no Oriente Médio e em outras regiões conflituosas. Embora alguns habilidosos negociadores internacionais utilizem elementos de diálogo em seu trabalho, muitas vezes a diplomacia patrocinada pelos Estados ou a diplomacia oficial funda-se mais em coerção e força do que nas características do diálogo: escuta atenta, compreensão, e resolução conjunta de problemas.

Muitas vezes o diálogo internacional pode acontecer através de líderes religiosos, da mídia, acadêmicos ou da sociedade civil, não raro com grande eficácia. Essa é a diplomacia não oficial. Por exemplo, na primavera de 2007, uma delegação de líderes religiosos estadunidenses encontrou-se com líderes muçulmanos no Irã para dialogarem sobre as maneiras de evitar a guerra entre os dois países. Esse diálogo criou espaço para que líderes cristãos se desculpassem diante de líderes muçulmanos pela guerra no Iraque, pelas torturas em prisões como a de Abu Ghraib, e pelas mortes de civis.

Os pesquisadores verificaram que pedidos de desculpas dessa natureza têm influência significativa sobre negociações oficiais e ajudam os resultados da diplomacia.[15]

Exemplos da diplomacia não oficial ocorrem em Kosovo, onde jornalistas dialogam entre si sobre o impacto de suas reportagens sobre o conflito étnico da nação e sobre as possibilidades de paz. Em Israel/Palestina grupos de mulheres de ambos os lados do conflito dialogam sobre como podem construir as bases da paz juntos. Em diálogos não oficiais, líderes religiosos e jornalistas podem trocar ideias, explorar opções não convencionais para resolver os conflitos, ou simplesmente ganhar mais compreensão sobre as questões mais profundas por trás dos conflitos.

> O diálogo é a essência da democracia.

Os esforços da diplomacia não oficial complementam os da oficial e têm mais probabilidade de incluir os elementos e as habilidades do diálogo. Em geral, o diálogo da diplomacia não oficial tem mais chance de ir além da política de alto escalão e das fórmulas que preservam o orgulho dos chefes de Estado, características da diplomacia oficial.

O diálogo procura permitir que as pessoas pensem melhor **juntas**. Essa é a essência da democracia. O espírito de cuidado com a comunidade e ação cívica que repousa no coração da democracia saudável exige que as pessoas participem do aprendizado, da compreensão e da formulação de decisões que afetam suas famílias, comunidades, regiões e nações.

Esperamos que este livro ajude as pessoas em diferentes contextos a pensarem sobre como podem se comunicar com maior eficácia em situações difíceis. Neste novo século, talvez a nossa própria vida dependa de quão eficientemente nós, como indivíduos, membros de uma comunidade e da humanidade, pudermos, de maneira criativa, tratar os desafios que se apresentam usando as ferramentas do diálogo ao invés das armas, da coerção e da força.

Apêndice: Ferramentas para ampliar a conversação

Há duas ferramentas que ajudam grupos a atravessar os aspectos desafiadores de um processo de diálogo continuado. A ferramenta Intenção/Impacto ajuda a analisar um incidente que aconteceu no passado. O Scanner Ambiental ajuda as partes a analisarem coletivamente uma situação que está em curso.

FERRAMENTA INTENÇÃO/IMPACTO

Esta ferramenta é útil para as pessoas que têm diferentes vivências de um mesmo evento. Em especial, ajuda a compreender uma situação em que uma das partes sente que a outra agiu de maneira ofensiva, grosseira, ou inapropriada. O facilitador seguirá os seguintes passos para utilizar esta ferramenta:

1. Se possível, conte uma história curta que ilustra o fato de que pode haver boa intenção por parte de uma pessoa, mas com impacto negativo em outra pessoa.
2. Descreva esses dois padrões de reação:
   a. Se as ações de alguém nos frustraram, magoaram, ou nos deixaram com raiva, tendemos a colocar nosso foco no impacto negativo daquela ação e em geral presumimos que a intenção do outro grupo/pessoa foi má.

b. Quando recebemos um retorno no sentido de que nossas ações frustraram, magoaram ou deixaram alguém com raiva, temos a tendência a colocar o foco na nossa boa intenção, e muitas vezes minimizamos o impacto negativo sofrido pela outra pessoa ou grupo.
3. Peça aos participantes que relembrem uma situação em que houve um hiato entre intenção e impacto, e peça que discutam suas intenções bem como os impactos vivenciados pelos outros.

Ao ajudar as partes a perceberem que cada uma delas pode deter um pedaço da verdade, essa ferramenta ajuda a levar as pessoas na direção de um quadro bem mais amplo da situação que todos estão enfrentando.

SCANNER AMBIENTAL

Esta é uma ferramenta que ajuda os interessados a analisarem os aspectos positivos e negativos do passado, presente e futuro, numa matriz de 2 x 2. [16]

	Passado/Presente	Futuro
Positivo		
Negativo		

Os campos da tabela podem ser definidos como segue: O Passado/Presente Positivo são os aspectos da situação que as pessoas querem manter, pois são Motivos de Orgulho. O Passado/Presente Negativo são aspectos da situação que geram frustração ou Queixas entre os interessados. Futuro Positivo representa Aspirações que as pessoas esperam criar ou aprimorar. Por fim, Futuro Negativo representa Novos Problemas Temidos, e que as pessoas esperam nunca ter de enfrentar.

	Passado/Presente	Futuro
Positivo	Motivos de Orgulho	Aspirações
Negativo	Queixas	Novos Problemas Temidos

Os envolvidos que desejam mudanças (aqui chamados de defensores de mudanças) concentram sua atenção nas Queixas e Aspirações. Os envolvidos que não desejam mudanças (aqui chamados defensores da continuidade), pelo contrário, concentram sua atenção nos Motivos de Orgulho e nos Novos Problemas Temidos. O conflito entre os defensores da mudança e os da continuidade muitas vezes constitui obstáculo ao diálogo, mesmo que os dois lados estejam fazendo uma avaliação correta, embora incompleta, do sistema como um todo. O objetivo dessa ferramenta é ajudar os participantes a enxergarem o sistema em toda a sua extensão, inclusive as perspectivas que têm sobre o sistema e que estão negligenciando.

Os passos essenciais para usar essa ferramenta são:

1. Apresentar o diálogo como um esforço para ver todos os aspectos do sistema. Alguns envolvidos podem se beneficiar caso seja dada uma explicação prévia sobre a matriz acima. Em outras circunstâncias, basta apresentar a conversação de modo mais simples. Por exemplo, o diálogo pode ser explicado como uma tentativa de "examinar o que gostamos, o que não gostamos, e como queremos ser no futuro".

2. Solicitar as percepções de todos os interessados avançando sequencialmente por toda a matriz. A sequência deve ser a seguinte: Motivos de Orgulho, Queixas, Aspirações e Novos Problemas Temidos. **Para melhor aproveitamento, é importante que todas as partes contribuam com ao menos 1-2 ideias em cada quadrante.**

Para grupos de 10 a 60 pessoas, pedir que se sentem em grupos de 5 a 8 pessoas. Elas podem passar pela matriz um quadrante de cada vez, para que cada pessoa acrescente ideias num post-it ou ficha. Cada pessoa deve escrever de 3 a 5 ideias, ficando dois minutos em cada quadrante. Os grupos podem reunir suas ideias por temas, e depois cada grupo cola suas ideais numa matriz grande. No final do processo, as contribuições de todos os grupos abarcarão uma visão bastante ampla de como as pessoas incluídas no sistema veem a situação.

A sábia utilização deste Scanner pode ajudar o diálogo de três maneiras:
1. Diminui a intensidade do conflito, pois dá aos participantes uma estrutura unificada que os auxilia a ver sua própria verdade em relação à dos outros que têm uma perspectiva diferente da sua.
2. Em geral os defensores de mudanças e os defensores de continuidade conseguem concordar com o conteúdo dos argumentos colocados em todos os quadrantes. A matriz ajuda os interessados a caminharem na direção de uma pergunta sobre a qual conseguem trabalhar juntos: Como podemos manter nossos Motivos de Orgulho, resolver as Queixas, atingir nossas Aspirações e evitar Novos Problemas?

3. Os temas dos quadrantes em geral ajudam os participantes a enxergarem problemas que precisam ser mais bem discutidos. Por exemplo, se determinada coisa aparece em Motivos de Orgulho e ao mesmo tempo em Queixas, fica claro para todos os interessados que é preciso discutir um pouco mais e esclarecer essa ideia.

Notas

1. Veja Deborah Tannen, *The Argument Culture: Moving from Debate to Dialogue*. New York: Random House, 1998.

2. Hope in the Cities, uma organização internacional, iniciou diálogos sobre questões de raça, economia, e jurisdição em cidades da América do Norte e Europa no início dos anos 1990. Veja https://us.iofc.org/hope-in-cities-iofc

3. Diálogo facilitado por Schirch, de 22 a 24 de setembro de 2001 em Suva, Fiji.

4. Série de diálogos facilitados por Campt de março a maio de 2006 para as escolas públicas de Alexandria, Virginia.

5. Esta construção de habilidades para o diálogo fez parte de um treinamento em competências culturais para o Inland Empire Health Program, em Riverside, California. O treinamento em sessões múltiplas aconteceu entre março e maio de 2001.

6. A reunião de cidade do AmericaSpeaks 21st Century é um diálogo que coloca as pessoas em mesas de 8-10 pessoas e cada mesa tem um facilitador treinado e um laptop com acesso à internet e rede sem fio. Os temas fundamentais extraídos do diálogo são transmitidos por rede sem fio a uma "equipe temática", que destila os pontos principais de consenso entre os participantes. Esses temas são realimentados ao sistema e recebidos pelo grupo em grandes telas de vídeo, sendo que cada pessoa usa um teclado pessoal para votar manifestando quais temas ou opções são os focos de ação mais importantes. Veja www.americaspeaks.org.

7. Esse encontro aconteceu em 20 de julho de 2002; o principal patrocinador foi a Civic Alliance to Rebuild Downtown New York.

8. O programa de diálogo entre vizinhos Neighbor-to-Neighbor durou de novembro de 2001 a março de 2002. O programa envolveu 45 reuniões, 139 organizações anfitriãs e um total de 1.838 participantes.

9. Veja Harold Saunders, *A Public Peace Process: Sustained Dialogue to Transform Racial and Ethnic Conflict.* New York: Palgrave, 1999.

10. Para mais detalhes sobre o papel simbólico do espaço nos processos dialógicos, veja Lisa Schirch, *Ritual and Symbol in Peacebuilding.* Connecticut: Kumarian Press, 2005.

11. O encontro de Memphis sobre obesidade juvenil foi um de uma série de encontros regionais convocados pelo Shaping America's Youth, e incluiu cerca de 1.000 participantes.

12. Veja Malcolm Gladwell, *The Tipping Point: How Little Things Can Make a Big Difference.* New York: Little, Brown, and Company, 2002. [*O ponto da virada – Como pequenas coisas podem fazer uma grande diferença.* Rio de Janeiro: Sextante, 2011.]

13. Veja Mary B. Anderson et al., *Reflecting on Peace Practice Handbook.* Massachusetts: Collaborative for Development Action, 2004.

14. *Ibid.*

15. See Richard Bilder, "The Role of Apology in International Law and Diplomacy", *Virginia Journal of International Law* vol. 46 n° 3, Spring 2006.

16. O Scanner Ambiental foi desenvolvido pelo Dr. Barry Johnson. Seu trabalho pode ser conhecido em http://www.polaritypartnerships.com/.

LEITURAS RECOMENDADAS

LIVROS

Abu-Nimer, Mohammed. *Dialogue, Conflict Resolution, and Change: Arab-Jewish Encounters in Israel.* New York: State University of New York, 1999.

Issacs, William. *Dialogue and the Art of Thinking Together:A Pioneering Approach to Communicating in Business and in Life.* New York: Random House, 1999.

Kegan, Robert and Lisa Laskow Lahey. *How the Way We Talk Can Change the Way We Work: Seven Languages for Transformation.* San Fransisco: Jossey-Bass, 2001.

Saunders, Harold. *A Public Peace Process: Sustained Dialogue to Transform Racial and Ethnic Conflict.* New York: Palgrave, 1999.

Yankelovich, Daniel. *The Magic of Dialogue: Transforming Conflict into Cooperation.* New York: Touchstone, 1999.

Os seguintes livros desta mesma coleção podem ser úteis para planejar e facilitar diálogos:

Processos Circulares de Construção de Paz, de Kay Pranis, descreve como usar a metodologia do círculo para diálogo e tomada de decisões. Contém informações úteis sobre o processo de estabelecer regras básicas e valores. (São Paulo: Palas Athena, 2010.)

The Little Book of Cool Tools for Hot Topics, de Ron Kraybill e Evelyn Wright oferece ferramentas úteis para facilitadores. (Intercourse, PA: Good Books, 2006.)

RECURSOS NA INTERNET

Várias organizações nos Estados Unidos publicam guias de diálogo para tópicos específicos como planejamento urbano, educação e diversidade cultural e racial. Os sites dessas organizações oferecem muitos recursos adicionais sem custo para ajudar a organizar e facilitar tais diálogos.

Public Conversations Project, atual **Essential Partners** – https://whatisessential.org/

Sua finalidade é fomentar modos de comunicação que levem à compreensão mútua, respeito e confiança. Organiza, planeja e facilita diálogos, encontros e conferências, e oferece pacotes de treinamento ou ferramentas costumizadas de habilidades para facilitadores.

Study Circles Resource Center, atual **Everyday Democracy** – https://www.everyday-democracy.org/

Organização nacional que ajuda comunidades locais a desenvolverem suas próprias habilidades e organizarem diálogos de grande escala e outros a fim de dar apoio e fortalecer mudanças comunitárias. Trabalha com vizinhanças, cidades, regiões e estados, dando especial atenção às dimensões raciais e étnicas dos problemas abordados.

National Coalition on Dialogue and Deliberation – http://ncdd.org/

A missão da NCDD é reunir e dar apoio a pessoas e organizações para que possam expandir seu poder de diálogo em benefício da sociedade. Oferece recursos, oportunidades de atuação em rede e programas àqueles que se dedicam a resolver problemas grupais e sociais através da conversa franca, reflexão de qualidade e ação colaborativa. Seu site é um centro popular para profissionais e estudiosos desse campo emergente, e hospeda uma coleção extensa de recursos, notícias, eventos e oportunidades relacionadas a diálogo e tomada de decisões.

AmericaSpeaks – www.americaspeaks.org

AmericaSpeaks desenvolve ferramentas de tomada de decisão inovadoras que dão aos cidadãos a oportunidade de ter voz forte nos processos públicos de tomada de decisão. Embora ofereça consultoria sobre engajamento cidadão e planejamento estratégico, ela é mais conhecida pelos 21st Century Town Meetings [Encontros Municipais do Século 21], que permitem que milhares de pessoas – às vezes em locais distantes fisicamente – expressem suas perspectivas individuais num processo que, de modo rápido e transparente, resume as conclusões coletivas do grupo em termos de ações prioritárias. Ainda que boa parte de seu trabalho esteja centrada em ligar cidadãos a representantes eleitos, a organização também utilizou esse processo para corporações, organizações sem fins lucrativos e organizações internacionais.

SOBRE OS AUTORES

Lisa Schirch é Diretora de Segurança Humana da Alliance for Peacebuilding em Washington, DC, e professora e pesquisadora no Center for Justice & Peacebuilding da Eastern Mennonite University. Integra a equipe de prevenção de conflitos armadas no Kroc Institute for International Peace da University of Notre Dame, onde treina membros do exército em como relacionar-se com civis e agências de ajuda. Atuou na prevenção de conflitos e construção de paz em mais de 20 países africanos, e também no Afeganistão, Paquistão, Iraque, Fiji e Líbano. É autora de seis livros e numerosos artigos sobre esses temas. Em 2013 publicou *Conflict Assessment and Peacebuilding Planning: Toward a Participatory Approach to Human Security*.

Os focos de suas pesquisas recentes recaem no desenho e estrutura de um processo de construção de paz abrangente no Afeganistão; a avaliação de conflitos e desenho de programas; relações entre civis e militares; e o papel da mídia na construção da paz. Schirch trabalhou como consultora para o Programa de Desenvolvimento das Nações Unidas e ajudou a criar a estratégia de resposta ao conflito e construção de paz dessa organização, bem como em outras instituições como o Banco Mundial, o USAID, o US Foreign Service Institute, e muitas academias militares nos Estados Unidos onde ensina relações entre militares e civis.

É graduada em Relações Internacionais pela University of Waterloo, Canadá, e possui mestrado e doutorado em Análise e Resolução de pela George Mason University.

David Campt é fundador do The DWC Group (www.thedwcgroup.com), grupo de especialistas que ajudam corporações, organizações sem fins lucrativos, comunidades e universidades a utilizarem o poder do diálogo para tomar melhores decisões e se tornarem mais inclusivas.

David é um especialista nas áreas de inclusão e equidade, envolvimento de stakeholders, resolução de conflitos e diálogo, questões de planejamento estratégico, sucessões, competências culturais e muitas outros.

Há 25 anos vem apresentando os princípios do diálogo em encontros de presidentes de conselhos administrativos, bem como em grandes encontros de 4000 pessoas ou conversações em pequenos grupos dinâmicos. Atua junto ao Congresso Nacional, empresas incluídas na lista Fortune 500, museus, fundações e organizações internacionais de construção de paz, militares organizações não governamentais e universidades. No final dos anos 1990, serviu como Conselheiro Senior de Políticas Públicas na Casa Branca dentro da President's Initiative on Race [Iniciativa do presidente para questões raciais].

Autor de três livros sobre como tirar o melhor da sabedoria dos grupos, inclusive *Read the Room for Real: How a Simple Technology Creates Better Meetings* e *White Ally Toolkit Workbook*.

David graduou-se na Princeton University e tem mestrado e doutorado pela University of California em Berkeley.